编委会名单

编 委 会 主 任：钟金华

副　　主　　任：魏更新

编　　　　委：龙翠峰　李育新　吴堂琳

周育华　罗庆谷　欧阳平

钟金华　缪　军　廖丽珍

廖晓梅　谢瑞山　魏更新

主　　　　编：欧阳平

执 行 主 编：吴堂琳

副主编兼统稿人：廖晓梅　谢瑞山

原 统 稿 人：任建群

摄　　　　影：李育新

赣州市文艺精品工程资助出版项目

江西省定南县文学艺术界联合会　编

虎形围里的客家风情

江西高校出版社
JIANGXI UNIVERSITIES AND COLLEGES PRESS

图书在版编目（CIP）数据

虎形围里的客家风情／江西省定南县文学艺术界联
合会编. -- 南昌：江西高校出版社，2024.11. -- ISBN
978 - 7 - 5762 - 5094 - 7

Ⅰ. K281.1

中国国家版本馆 CIP 数据核字第 2024U7A491 号

出 版 发 行	江西高校出版社	
社 址	江西省南昌市洪都北大道 96 号	
总编室电话	(0791)88504319	
销 售 电 话	(0791)88522516	
网 址	www.juacp.com	
印 刷	北京虎彩文化传播有限公司	
经 销	全国新华书店	
开 本	890 mm × 1240 mm　1/32	
印 张	5	
字 数	120 千字	
版 次	2024 年 11 月第 1 版	
印 次	2024 年 11 月第 1 次印刷	
书 号	ISBN 978 - 7 - 5762 - 5094 - 7	
定 价	48.00 元	

赣版权登字 - 07 - 2024 - 587

定南,建县于明朝,因其山高林密,地势险要,明朝隆庆三年(1569 年)割龙南、信丰、安远三县地设县,县治初设高砂堡莲塘镇(今老城镇老城村),与广东省和平县仅一河之隔。

定南虽建县时间不长,但由于地处南方,温暖湿润,很早就有人类在此生存,战乱时期,更是避难之乐土。所以中原先民历经数次大举南迁,辗转迁徙,披荆斩棘,与当地人交融,形成了独特的客家文化风情。又因古代交通不便,再加时事不宁,常有匪寇出没,所以客家先民们聚族而居,大量兴建集家、祠、堡于一体的围屋。虎形围为其中代表,更是江西省唯一的肖形围屋。虎形围的设计,完全是

肖形于百兽之王的老虎,犹如一只出山猛虎,彰显出赫赫虎威。这在赣南的客家建筑文化中,是十分典型的个案。其独特的建筑文化艺术、文化根脉以及历史人文故事,成为研究客家文化形成和发展的活化石,具有宝贵的文物价值和独特的文化魅力。虎形围后人方学元的革命经历、方其道与刘和珍凄美的爱情故事在围屋内外传诵。

围屋成了客家人代表性的元素符号,围绕着围屋,既演绎了慷慨悲歌的故事,又延续了耕读传家的生活习俗。因此,虎形围在某种意义上也成了定南客家文化的地标。勤劳纯朴的定南人民,在这片历史厚重的红土地上生活劳作,与地域文化融会贯通,形成了既具有与其他地方客家相同的文化,也具有鲜明地方特色的客家风情。可以这样说,一山一水透露着千百年的厚重,一草一木彰显着悠久浓郁的文明。

2011年中央电视台春节联欢晚会有一个节目《亿万农民的笑声》,它以定南的虎形围为背景,把古老的建筑、纯朴的客家人、传统的瑞狮表演、悠扬的山歌等客家文化渲染得淋漓尽致。以虎形围为背景的《瑞狮狂舞庆虎年》的新闻图片,获得了"我的幸福瞬间"摄影比赛金奖,并通过春晚向海内外华侨、华人展示。2019年庆祝中华人民共和国成立70周年国庆晚会上,定南瑞狮作为江西省唯一参加联欢晚会的地方民俗节目,更是引起了全国人民甚至海外华侨的注目,成为全省、全市特别是定南人民的骄傲,成为定南一张亮丽的名片。

漫步在客家人的世界里,徜徉在客家风情的画廊中,回首定南客家儿女千百年的沧桑历史,那一栋栋方圆有规的客家建筑,那一个个刚毅忠贞的客家儿女,那一幕幕辗转百年的悲欢离合,那一曲曲悠久情深的客家山歌,极大地滋养了我们的心灵,凝聚了我们的精神,为之动容,为之赓续,乃幸事、乐事也。

迢迢客家路,熠熠民族魂。勇敢的定南客家儿女在人类历史的长河中,创造了璀璨的客家文明,光芒万丈;勤劳的定南先贤后裔在中华民族的大家庭里,构筑了生生不息的精神家园,源远流长。

随着时代的发展变化,定南也迎来了嬗变。面向未来,更要弘扬优秀传统文化。《虎形围里的客家风情》通过图片、人物、史料、非遗等多种形式展现了定南的客家风俗民情。该书史料翔实,内容丰富,图文优美,叙述传神,通俗易懂,是一本集故事性、趣味性、知识性、史志性于一体的客家风情读本。

　　期待大家能通过阅读这本乡土文化读本,走进定南,了解定南,热爱定南!期待通过宣传这片红色的热土,记住从何而来、往何处去,传承好客家文化,让定南成为幸福和谐、宜居宜业的乐土!

定南县《虎形围里的客家风情》创作组

目录

CONTENTS

第一编　建筑编

　　客家人迁入以后，一旦定居下来，首先要解决的就是居住问题，即便没有能力建造房屋，也要搭一个草寮以遮风避雨。解决居住问题，定南客家人建造最多的是围屋，虎形围则是赣南客家围屋中独一无二的典范之作。

　　客家围屋，又被称为围村、围村屋、围屋村、土围、水围、围堡、客家围等，是客家民居经典的三大样式（客家围屋、客家排屋、客家土楼）之一。客家围屋大多以围字命名，被誉为"东方的古罗马城堡""汉晋坞堡的活化石"，被中外建筑学界称为中国民居建筑的五大特色之一。

　　凡有客家人，即可见围屋，或者说围屋是客家人的标志，主要分布在广东、江西、福建、广西等地及国内外其他客家人聚居地。赣州的客家围屋尤以"三南"（龙南、定南、全南）和安远、寻乌等地保存最多且最完好。

一、围屋奇葩虎形围

虎形围(航拍图)

虎形围位于定南县历市镇车步村方屋排自然村,始建于清朝乾隆五十一年(1786 年),是赣南围屋中唯一一座肖形围屋。

虎形围是当地的方氏家族营建的。方氏家族于明洪武年间由信丰迁入此地,现繁衍有丁口一千余人。

有记载说,该虎形围比龙南关西围早建 20 多年。龙南关西围的始建者徐氏原是虎形围始建者方氏的管家,虎形围建成后,他在此淘到了人生第一桶金。回到关西时,虽已年近 40 岁,但徐氏凭着原来的朋友关系和多年的经验,依靠关西当地的木材资源和赣江水系的水运资源优势,做起了木材生意,越做越大,在短期内便成了当地大财主,建成了如今的关西围。

虎形围最初建造时,是一个边长 33 米的正方形围屋。通常情况下,正方形围屋是在四个角各建一个炮楼,形成四炮楼围屋。虎形围却别出心裁,省去了后排两个炮楼,将观音厅向后突出 50 厘米,不仅象征虎的尾巴,而且具备防御的效果。正立面的大门是虎嘴,将大门上面的两个方形枪眼改成圆形,象征虎的眼睛,正面的两个炮楼,当然是虎的前爪了。

虎形围全貌

别看虎形围小,却安排了四进式。上厅安排有神龛,是祭祀祖先的场所,厅上可摆桌椅,供族人议事和摆宴席。中厅是摆宴席的场所,也是通往厢房的必经之路。下厅则是门厅。从大门内西侧绕过去,可以通往后栋,在遇有外敌攻击时,老弱妇孺都集中到后栋,一方面是后栋最安全、最难攻入,另一方面是将这些帮不上忙的人集中起来,以免影响青壮年抵御外敌。后栋正中是观音厅,供奉观音菩萨。

虎形围正面全貌

虎形围坐北朝南,但在定南人的习惯中,民居的大门不能朝向正南,所以,虎形围的大门不是沿中轴线朝向正南,而是向西偏了5度左右。除大门外,虎形围在东西两侧各安排了两道小门,以方便进出。虎形围墙体转角全用青砖砌成砖柱,外墙体是工艺特别复杂的、用卵石灰砌到顶的硬山顶四坡水,围内墙体是夯土墙,外墙上规则地排列众多瞭望孔和射击孔,可以观察、防御外敌从任何角度的进攻。虎形围大门上书"日灿庭辉"四字,寓意是虎形围沐浴着每一天最灿烂的阳光,中厅门楣上书"善居室"。

到了清朝嘉庆年间,虎形围的主人考虑到虎形围的建筑形态和后龙山都是至阳至刚的虎,又朝向正南,更是威猛,于是在围屋东侧青龙位加建侧屋一栋,正立面开一道小门,将西侧作为私塾。

西侧门堵死,东侧只在后面开一个侧门,增加围墙围住整个门坪,在正东建一道斗门,门楣上书"常临光耀",即迎接清晨第一缕阳光。

（作者：缪军）

二、定南虎形围：围不住的威风

围屋里的一朵奇葩

客家围屋，作为客家先民的居住地，以其独特的建筑风貌成为宝贵的文化遗产。在赣南众多的客家围屋中，虎形围是唯一采用肖形构思的围屋。

虎形围位于定南县历市镇车步村方屋排，始建于清乾隆五十一年（1786 年）。围屋外呈方形，前宽 40 米，纵深 33 米，面积 1320平方米；坐西北朝东南，背靠虎形龙脉青山，整个围屋的建筑造型为昂首坐视的虎形，大门亦被塑造成虎头形状，因此得名"虎形围"。虎形围如一只虎虎生威的坐山虎，整体围屋为虎身，后立面的中位碉楼肖形为虎爪，大门为虎头形状（据说虎头可以辟邪），门是虎口，左右两圆窗是虎眼，门额是虎鼻，灰塑门罩为虎耳，这一个个的文化元素将威猛的虎形象表现得淋漓尽致。围内结构合理严密，通风干爽自然，采光科学讲究，是集客家先人智慧、勇敢、审美理念、艺术观点于一体的建筑杰作。

据资料记载，围屋的主人方氏由明洪武年间从信丰县迁入，后繁衍千余人，为一方旺族。明朝末年，方氏族人置地于周围的虎形山下，到了清乾隆初期，请来当地著名风水先生赖布衣第十三世孙赖名山设计。图纸设计好后，因技术过于复杂，一直无人能建，直到乾隆后期才建成现在这样的围屋。史料介绍，虎形围比龙南关西围早建 20 多年，而龙南关西围的始建者徐氏原是虎形围始建者方氏的管家，虎形围建成后，他受到启发，回到龙南做生意，成了财主以后建成了如今的关西围。

独特的文化魅力

　　虎形围后靠虎形山,面朝天际轮廓秀美的笔架山,近有小溪缠绕,远有良田百亩。值得一提的是,由于受地理环境的限制,围屋的朝向只能依照后龙山布局,但如此一来,围屋中轴线朝向的远山景观并不十分完美。为此,围屋的设计师在建造大门时将大门的轴线与外墙的垂线错开偏东 5 度左右,使得大门的轴线正对笔架山的主峰,再加上"日灿庭辉"的门楣予以点缀,形成完美的景观效果。也许是虎形过于雄威,有重武轻文之嫌,围屋的主人在若干年之后,又加建了一座院门,将院门朝向东方,一则取门楣上自铭的"常临光耀"之意,二则使院门的轴线朝向了远方视野中的最高峰,期望人文昌盛。

　　虎形围的设计,完全肖形于百兽之王的老虎,犹如一只出山猛虎。猛虎发威时"一扑(爪)、二咬(口)、三扫(尾)"的勇猛神态,被一个个的建筑文化元素昭示得淋漓尽致。虎形围的建筑文化意象,对内,则寓意着围屋的主人虎虎有生气,无往而不胜;对外,则彰显出赫赫虎威,神圣不可侵犯。这在赣南的客家建筑文化中是一个十分典型的个案。据有的专家考证,这种虎形围,在江西省内实属罕见,具有宝贵的文物价值。

（作者:郭华平　赖卓智）

三、虎之精神

——定南方学元故居虎形围

青山赖围屋之形而现开之状,围屋借青山之势而呈开之威。

山与围,契合得如此完美!

是能工巧匠的绝妙构思?还是风水大师的灵感点化?

围屋门墙装饰成虎面,张口瞠目,莫非主人欲得虎之精神?天井地面,鹅卵石铺砌"日进斗金"的图案,也许蕴含着围屋主人最初的人生向往;屏风窗格,镂刻着梅韵菊香风骨,是否寄寓着围屋主人一生的精神追求?

年年月月在虎口中进出自如,这是人生的何种境界呢?

几百年的沧桑,谁能正确诠释围屋的象征?

在围屋里出生,在围屋里成长,方学元——一位英杰成了虎形围的最好注解。

他追寻革命真理,毅然走出虎形围,白色恐怖更加坚定了他的理想信念,在铁锤镰刀旗帜下庄严宣誓,成为一个坚强的共产党员;他掩护地下党员,宣传革命道理,组建定南第一个党支部,在血与火的熔炉中,锻炼成一个英勇无畏的革命战士;他组织农民协会和赤卫队,开展武装暴动,转战于定南、安远、寻乌三县边境。与反动派周旋和战斗,成立定南边区苏维埃政权,不断扩大红色根据地,在武装斗争中,他成了一位受人民拥戴的定南县边区苏维埃政府的副主席……

他转战家乡,谋求扩大根据地,却不幸被国民党军警跟踪包围于围屋。饮尽老母亲端来的客家米酒,仰首挺胸,从容自若走出围屋,是他留给围屋最后的英姿;威逼利诱,改变不了他对共产主义的坚定信念;严刑拷打,摧残不了他对党组织的无限忠贞;虽然罪恶的子弹穿透了他的身体,却穿不透他的不屈灵魂! 他的鲜血染红了桃江河啊,他的英魂回归了虎形围!

虎形围,仿佛一砖一瓦都有不屈的生命,一门一牖都是一个深邃的世界。反抗黑暗,可以共赴国难;谋求真理,可以视死如归。虎形围,你蕴藏着一种怎样的精神力量啊!

莫非虎威之传导? 莫非虎韵之浸润?

门前清溪淙淙,荷塘莲花怒放;远处阡陌纵横,茭白青葱生烟。

虎形围,也许应重新解读,才能知道其深刻的内涵啊!

(作者:张文先)

四、虎形围之风云

最为奇特的围屋应数中圳村的虎形围了。

一脉不算高的山麓盘桓，如一尊卧虎回首，而这幢建筑恰巧就成为"虎头"。山与围浑然一体，更使这尊卧虎活灵活现；而围又以虎为造型，做足了虎之形象。就整体而言，虎形围亦为府第式建筑，砖木结构，外墙采用生土混合鹅卵石、熟糯米等夯筑，内墙为土砖砌筑。此虎形围属于三进两厅结构，前两角各设三层高的炮台，如虎之四爪；后正中亦设一炮台，如虎之竖尾；正立面大门装饰成虎头，顶饰"王"字，状如虎额，两个圆窗如虎眼炯炯有神，下方有一个突出的长方形装饰，券门为虎口。或许是出于风水考虑，建筑主体朝向的远山无高峻拔尖和起伏之状，或许是担心虎之威风外露过于凶悍，所以在主体建筑之前的门坪外裹以围墙，迎着来水的方向，蕴含着多出人才、广进财源的意思。

这幢围屋始建于清乾隆五十一年（1786 年），体量不算大，却结构精巧、造型独特。围屋为方氏家族所居，从虎形围走出的方学元和方其道两个人值得一提，因为他们的命运曾与 21 世纪中国那段刀光剑影的历史有着密切关联。

方学元（1903—1933），出生于虎形围，在寻乌县做工时接受了革命思想，积极开展革命活动，并加入了中国共产党，返乡创建中共车步小组，先后担任车步革命军事委员会书记、中共油汶湖支部书记、定南县模范赤卫队游击八大队指导员和定南县边区苏维埃政府副主席。他在白色恐怖期间转战于定南、寻乌、安远，进行了艰苦卓绝的斗争。1933 年 4 月，他与边区政府主席刘金仁返乡隐蔽时,被国民党反动派跟踪包围于虎形围,不幸被捕,并被押往龙南县监狱。在酷刑面前,方学元表现出共产党人坚定信仰、视死如归的本色,不久被杀害于龙南县桃江边上,年仅 30 岁。一位英雄就这样倒下了,把青春、热血与生命贡献给了人民的解放事业! 人们应该永远铭记这位从虎形围屋走出来的英烈!

记得读中学时,语文课本里有一篇鲁迅的文章《记念刘和珍君》,没有想到文章中惨遭屠杀的进步青年刘和珍会与定南有什么联系,更没有想到有一段凄婉的爱情与出生于定南虎形围的方其道结缘。方其道(1893—1946),出生于虎形围,先随舅父就读于信丰小学,后又至江西南昌陆军小学、湖北武昌陆军预备学校就读,考入江西法政专门学校法律科,毕业后曾任中学教师、《大江报》记者,与正在南昌女子师范学校读书的进步青年刘和珍邂逅,因志同道合由相爱到订婚。方其道因经常撰文谴责江西军阀而致通缉,报馆亦被查封。为避难,方其道被迫与刘和珍分别,离开南昌赴沪,旋入闽南国民革命军赖世璜部。刘和珍在方其道的资助下考入北京女子师范大学,接受进步思想,当选为大学生自治会主席。她领导学生开展驱逐依附北洋军阀、推进封建奴化教育的校长杨荫榆的运动,组织参加 1926 年在天安门广场举行的"抗议八国列强侵吞中国的最后通牒"的国民大会,不幸遭到段祺瑞北洋政府反动军警的镇压。刘和珍倒在血泊中,史称"三一八"惨案。鲁迅为此写了一篇著名的文章,以此纪念在"三一八"惨案中牺牲的刘和珍等死难者。方其道闻讯,痛苦万分,在刘和珍的追悼大会上,亲撰了一副挽联:"生未同衾,死难同穴,劳燕惜分飞,六载订婚成一梦;内除国贼,外抗强权,疆场空有约,白宫溅血泣黄泉。"在满腔悲愤里寄托了对未婚妻刘和珍的不尽哀思。

一幢小小的虎形围,激荡着历史风云,承载着爱恨情仇。而今的虎形围,迎接着一批又一批前来观光的游人。游人们揣摩着地面鹅卵石砌成的"日进斗金"图案,照影于清澈依旧的井水,抚摸着有些斑驳的石磴木柱,聆听着鲜活而又动人的故事,怀念、崇敬之情油然而生。

(作者:张文先)

第一编　建筑编

五、定南：虎形围谱写文化传承与发展的春天

以定南车步虎形围为背景的节目于虎年春节在中央电视台播出后轰动了全国，前来参观考察的人络绎不绝，虎形围立刻成了世人聚焦的视点。近日，笔者从文化传承与发展的角度，走进虎形围，对其进行了一次深入的探访。

虎形围位于定南县历市镇车步村方屋排。虎形围建于清乾隆五十一年（1786年），距今有230多年的历史，它是定南200多座客家围屋中最为独特和最具有文化艺术价值的围屋。我与几位广东省委党校的同志对其整个建筑文化探究后，发现虎形围在建筑艺术上外形酷似一只勇猛威武的老虎；其建筑要素虎头、虎嘴、虎鼻、虎眼、虎身、虎爪、虎尾保存完整，形象逼真；其围屋的生活、军事等设施属典型的客家民居风格。站在虎形围前的大草坪上往前看，一只威风凛凛的猛虎扑面而来。正前方大门及其附属建筑是整个虎头，虎头中的大门是虎嘴，大门上方刻有的"日灿庭辉"四字是虎鼻，两个圆形瞭望窗是虎眼，虎眼之上三层壁罩为虎额，最顶层瓦罩为虎发，围屋两侧正前端的炮楼是虎爪，33米长的屋身是虎身，后居正中的一座炮楼是虎尾。仔细观察之后，整个虎形便跃然纸上，呈现在眼前。特别是其一扑（爪）、二咬（口）、三扫（尾）的猛虎三招，栩栩如生，呼之欲动，令人惊叹不已，虎形围由此得名。

斯人已去，精神犹存。在村文化活动室，陪同我们参观的方老伯向我们介绍说，使虎形围蜚声远播的还有另外一个重要原因，那就是这里是鲁迅笔下《记念刘和珍君》一文中刘和珍的未婚夫方其道先生的家乡。方其道于19世纪末出生于虎形围，自幼聪明，饱

013

读诗书,后曾任教师、记者、报社经理等职。在内战和抗战爆发后方其道积极参加反内战和抗战活动,倾力支持刘和珍等进步青年的革命活动,在与刘和珍长达 6 年的情侣生涯中,他们结下了深厚的革命情谊。当刘和珍在 1926 年"3·18"事件中遇难后,方其道为她写下了痛断心肠的悼词"生未同衾,死难同穴,劳燕惜分飞,六载订婚成一梦;内除国贼,外抗强权,疆场空有约,白宫溅血泣黄泉"而名振中华,流芳千古。方其道与刘和珍的爱情故事,正印证了中国著名文艺评论家缪俊杰先生的诗话"豫章郡域古扬州,楚尾吴头史册收"。方其道与刘和珍的动人爱情和革命精神为虎形围这座古老的围屋增添了不尽的故事和无限的荣光。

巍巍神仙岭,悠悠赣江水。坐落在神仙岭脚下的车步虎形围,在赣南是独一无二的,在全国也是少有的。虎形围在方氏后人和当地政府的保护下正以新的姿态迎来了蓬勃发展的春天。该县为了打造虎形围,推动全县文化旅游产业的快速发展,已出台了一系列文化生态旅游产业发展实施方案,把虎形围的发展推向了更高的平台。到目前为止,该县投入 300 多万元对虎形围修葺一新,结合新农村建设,投入 140 多万元对虎形围的道路、水沟及民房进行了改造和新建,设立了图书阅览室、广播室、文体活动室,成立了理事会、文艺队、产业小组等各种文化生产活动组织,开展了丰富多彩的"三下乡"活动和群众自编自演的文艺表演活动,以及茭白、脐橙、油菜、生猪等种养技术培训活动。丰富的文化活动和新农村建设,让这里的群众切身感受到了虎形围日新月异的变化和文化经济的快速发展。江西省文联原主席陈世旭对虎形围的题诗"虎踞龙盘正蓄势,方塘流云一镜开",恰是现在虎形围的真实写照。

如今,虎形围闻名国内外,吸引着一批又一批客人前来观光考察。傍晚时分,穿村而过的小溪闪着粼粼的波光,随处可见的翠竹摇着婀娜的身姿,小路边的池塘飘着阵阵荷香,一群客家伢仔正在玩耍嬉闹,远处的灯光映照着村庄的秀美。当我与广东的客人即将离开时,我突然想起了中国著名书画家张宝林先生《题虎形围》中的一句诗"百年一梦终圆满,八闽千楼共旭辉",恰好表现了虎形围的历史与归宿,也是我们此行考察的意愿所在。此时,村广播室正在播放着《春天的故事》,愿虎形围魅力永在,虎威永存,春天常驻。

(作者:谢瑞山)

六、走访红军桥

无意间听说历市镇寨上村有座红军桥,我很好奇,决定前往寨上村一睹红军桥的芳容。

寨上村坐落在定南县城北部,距县城大约 20 公里。早饭后,烈日当空,艳阳高照,我驱车独自前往,途经中圳村时,特地多绕几百米,去了一趟方屋排虎形围。

虎形围在定南可谓是家喻户晓,尽人皆知,名人典故举不胜举。但我这次来,并不是观赏这里的名胜古迹和秀美风光,而是怀着崇敬的心情,来缅怀这里的革命先辈方学元烈士的。

方学元烈士出生在虎形围,从小受尽压迫和剥削。长大后,参加了第一次国内革命战争,他在斗争中成长,很快就成了定南革命运动的组织者和领导者。国民党反动派把他视为眼中钉、肉中刺,四处张贴布告,悬赏大洋 500 捉拿方学元。

1933 年 4 月,方学元回到虎形围家中,被国民党爪牙出卖被捕,在狱中他坚贞不屈,牺牲在了国民党反动派的屠刀下。

六月的天,说变就变,刚才艳阳高照的天空立马变成了乌云密布。我赶紧跳上车,向寨上村驶去。

记得好多年前,我也曾经来过寨上村。也许是我孤陋寡闻,没听到红军桥的事。或许是时间紧,匆匆而过,来不及挖掘这里的人文故事。这次,专程来访,真有点相见恨晚。我把车子开得飞快,就像初次和女朋友约会,生怕迟到。

过了太阳村,水泥铺就的村道蜿蜒上行,由于路窄弯多,我有点担心,如果对方来车无处避让,这可如何是好。好在这念头只是一瞬间,马上我又镇定自若了。想起这样一句话"狭路相逢勇者胜",当年红军由弱变强,不就是靠勇敢和智慧取得胜利的吗?有了这样的信念,还有什么可怕的呢?

我紧握方向盘,加大油门,朝心中向往的红军桥开进。

寨上村有寨口和寨尾之分,从太阳村往上走,到了红军桥的地方,这里为寨口。从寨口往云台山方向走,也就是历市镇和龙塘镇的交界处,那里就是寨尾。

上了坡,首先映入眼帘的是一座拱形古廊桥。一踏上红军桥,门口的石碑上写着"寨口瓦桥"四个大字,落款是"江西省定南县重点文物保护单位"。

全桥由石头建造而成,桥上盖有一间青砖黑瓦房,好让过路的行人避风躲雨。桥体至今保存完好,已有近百年的历史。既然碑上写的是瓦桥,可为什么又称红军桥呢?

我在路旁停好车,迫不及待地直奔上去,想探个究竟。

跑上红军桥,乌云如同一群愤怒的猛兽咆哮着、翻滚着,风也肆虐起来,把山上的树木竹林刮得呼呼作响。站在桥中间,见不远处是几排漂亮的水泥房,不用说就是寨上村的新农村规划点了。风雨早把人们赶进了屋子里,只有几只鸭子还在河面上扑打着翅膀慢慢晃悠。

暴雨倾盆而下,雨帘在空中像绸缎一样飘舞,红军桥下的河水开始上涨。我在想,河水会浸过桥面,将红军桥吞噬吗?然而我的担心是多余的,经过近百年的实践证明,不管再大的风雨,红军桥依旧挺立在那里。

像这样的暴风雨，往往来得疾，去得也快。天空很快又放晴了，阳光重新普照大地。

走下红军桥，我向近处的房屋走去。寨上村一位老先生热情地接待了我，他又是倒茶又是让座。闲谈中，老先生说他是土生土长的寨上村人，姓钟，今年 71 岁。当我说明来意后，钟先生说，这座桥年代过于久远，什么时候建的，他不是很清楚，但寨口红军桥的事，还是听上辈人讲过。

在我的要求下，钟先生开始讲述起来，我连忙取出纸和笔。

1929 年 1 月，有一支红军大约 300 人，由信丰经龙南进入定南月子，又由月子到中圳，途经中圳方屋排虎形围时，看到虎形围造型独特，别具一格，红军战士纷纷回头多看了几眼。

到了太阳村，红军队伍开始兵分两路。一路由渊迳向龙塘湖江前进，另一路就往寨上走。红军到了瓦桥，看到瓦桥造型独特，又可避雨，是休整的好地方。带队领导一声令下，队伍原地休息。有的下河去擦洗身子，洗去尘埃和辛苦劳累。尽管瓦桥离村子很近，可红军不是挤在瓦桥就是躺在树荫下。除了几个问路的，没有一个红军私自进入村民家里。

在瓦桥大概休息了一个小时，红军扛起背包向寨尾前进。当时，村民看到有队伍开进来，都往山上跑。等红军走后，村民下山来，看到紧闭的门锁完好无损，家里的谷米没少一粒，大家交头接耳，称赞红军是支好队伍。

看到红军和别的队伍不同，有胆大的人悄悄尾随在红军后面，回来告诉大家，红军在寨尾安营扎寨，靠挖野菜充饥。村民得知这个消息，自发地把自家的粮食、蔬菜送过去。红军当时处境十分艰难,拿不出钱财购买,提出要写欠条,等革命胜利了再来报答村民们的恩情。

寨上村民风淳朴,家家户户又非常好客。别说是为劳苦大众打天下争自由、民主的红军,就是过路的其他人,村民也会倾其所有,解囊相助。红军写欠条的事,被村民婉言拒绝了。

红军在寨尾和村民们友好共处了三天两夜,然后开赴龙塘湖江。走时,军民鱼水情深,依依不舍。

钟先生说到这里,我终于领悟了红军桥的深刻内涵。

之前,寨口的廊桥被称为瓦桥。而在 1929 年 1 月红军来了以后,为了纪念红军,就在 1934 年改称为红军桥了。

钟先生见我听懂了红军桥的来由,端起茶杯喝了口茶说,还有一件事,说起来有点遗憾。

红军大部队走后,有个伤员由于伤势过重,不能参加行军,永远地留在了寨上,埋在大坑迳的山窝里。新中国成立后,村民们去大坑迳寻找那位红军的墓穴,想为他立一块墓碑,可惜没有找到。

"太遗憾了!"我插话说。

"是啊!如果没有革命先辈的浴血奋战,哪有我们现在的幸福生活,我经常告诫晚辈,要懂得感恩,不能忘本。就拿这座红军桥来说吧,这桥是通往寨上的必经之路。为了更好地保护这座具有红色意义的古桥,减轻桥体负重,村民们沿着山脚重新修了一条小路。就是你刚才上来的路,不过现在拓宽了,可以通车了。

"你看,现在家家户户住楼房,开小车。这样的日子,如果没有共产党领导的先辈们艰苦创业打下的基础,想都不敢想。"钟先生继续说。

　　时间总是在不知不觉间悄悄溜走,抬头看了一眼墙上的挂钟,时针已指到了 11 的位置,我起身告辞。钟先生说:"都快到饭点了,在这里吃饭吧,别看这里偏僻,可我冰柜里时时少不了鸡鸭鱼肉。"

　　钟先生打开冰柜,脸上洋溢着幸福的笑容。

(作者:郭溅添)

七、多姿多彩的定南围屋

围屋是定南民居的基本形态，故而定南围屋很多，最多时有300多座，因年久失修无人居住，有很多已经倒塌。现在保存完好的有150多座。在众多围屋中，以方围居多，有一炮楼围、二炮楼围、三炮楼围、四炮楼围、六炮楼围、八炮楼围和不甚规整的五炮楼围。还有圆围和龙椅围。方围和圆围在人口增加后，都可以在外墙

白沙古礼治围　　　　　　　陂坑洵美围

不断加建。而龙椅围的得名,缘于龙椅围的鸟瞰图像太师椅。其实,龙椅围更像一个"合"字,"口"是门厅和大门,"一"是祖厅,"人"是居住的房屋,是主体建筑,在人口增加后,也可以向外扩展。

水邦船形围

老城竹园下围

　　定南围屋里面的墙体绝大部分是夯土墙,只有极少数围屋会用青砖或石块。夯土墙一般就近取材,将黏性极好的红土捣碎,加少量的清水,以手握成团而不渗水为度,倒进木板制成的范(定南俗称"墙架")中,手持一头扁一头方、中间细的"墙锤"将其夯结实。然后取下范,安排在前一段,再加土夯实。就这样一段一段、一层一层做成墙体,在墙中,会加入尽可能长的竹子或竹片,以增加墙体横向的拉力,俗称"墙骨"。有的外墙也是这种夯土墙,但是要厚很多,厚达一米甚至更厚。外墙用夯土墙,瓦面就得伸出墙体外面,形成悬山顶。围屋外墙有的用青砖或河石、片石砌至顶,青砖、片石除石灰浆需加桐油以增加黏性、硬度外,工艺并不复杂。而河石没有棱角,只有像夯土墙一样用范固定。铺一层河石加一层石灰浆,砌满了一范就只有等石灰浆略为凝固才能将范取走。当然,也可以用几个范从不同方向轮流作业,以加快进度。工艺最为复杂的,当数定南俗称的"金包银"

陂坑永忠围

工艺,就是在夯土墙外再贴上一层青砖、片石或河石,不仅要求外墙绝对平整,还要与夯土墙连成一体。其实,除了石灰浆要加桐油外,最重要的是不能等夯土墙全部建设好、完全干透才贴上去,而是要准确把握夯土墙的干燥程度,及时把外墙贴上去,夯土墙太湿或太干,都无法使两种不同材质的墙体黏合在一起,这是非常考验泥水师傅功力的。尽管如此,在定南现存围屋中,这种金包银的外墙还是最多,主要是这种工艺省材料、省资金,而且不影响外防御的效果。只是这样一来，相当费时间，建造一座围屋，往往耗时几年，有的甚至一二十年。

修建明远第围

定南围屋除大门、侧门外，一律不对外开门窗，对外只开圆形和长条形的瞭望孔、射击孔。门和窗都是向内开的，即便是大门、侧门，也往往是木门里面再加栅栏以防撞。大门顶部还有射击孔，既可射杀攻到大门的外

中沙坳背围

敌，也可往下倒水以防火攻。围屋的炮楼更是可360度无防御死角，外防御能力极强。客家人从外地迁来定居以后，为了生存，必然会同山越族等原住民甚至其他姓氏的客家人争夺生产生活资源，这种不可调和的矛盾经常会引发械斗。这就使得客家人在建造

衍庆楼

围屋时,把外防御功能作为一个特别重要的因素加以考虑。

定南围屋大多会在门口建一个池塘,其实这是建造围屋取土时自然形成的,围屋建好后略微修整就成了一个池塘。这个池塘可以容纳围屋里所有的生活污水,经过太阳暴晒以后再流出去。古代生活很少用化学物品,生活污水最简单有效的处理方法就是太阳暴晒,这是我们祖先保护环境的措施之一。另外一个作用就是,万一围屋发生火灾,可以就近取水灭火。有的围屋门口没有池塘,这个围屋一定

忠诚团龙围

不是就近取土建设的。受地理条件的限制,有些围屋无法就近取土,从远处运湿泥土费时费力,聪明的客家人就在取土处制成土砖,晒干后再运来建围屋。一方面减轻了重量,另一方面规整的土砖便于运输。不过,土砖只能用来砌内墙,外墙还是要用青砖或石

头。实事求是地说,定南围屋单体面积并不大,只有极少数围屋有精致的木雕、砖雕。大多数围屋略显粗糙。但是,定南围屋最注重实用,就连祖厅神龛上也极少排列祖宗牌位,大部分是在红纸中间竖写一行"堂上始太曾高祖列众神位",简简单单一句话,就把列祖列宗全部概括进去了,多么简单省事。然而,又考虑得非常周详,所有的生活用品围屋无不具备,就连生活用水也是设在围屋里。即便遭受强大的外敌围困,围屋里的正常生活也有保障。

(作者:缪军)

八、并不鲜见的骑楼式建筑

明朝中叶开始,闽粤沿海倭寇横行,部分沿海居民回迁到定南,带来了沿海的一些文化元素,这些文化元素理所当然地体现在建筑上。到了清初,清政府实行海禁政策,大量沿海居民生活没有依靠,只得内迁,迁入定南的沿海居民也不少。

20 世纪 30 年代,日本侵略者侵占广东,大量广东人迁入定南。广东人这次内迁,都是拖家带口,做长期打算的。广东人天然地善于做生意,许多广东人沿着驿道,在职业挑夫的聚集地、转换地建起房子,做起生意来了。

虎形围内的骑楼式建筑

这次是广东人自己建的房子,所以完全是按照广东的风格建造的。这种房子是直筒式的,最后面是厨房或生产车间,中间是招待客人吃饭的场所,最前面是柜台,方便招待客人。这种建筑最大的特点是前面有宽大的走廊,因为走廊太大,前面立有砖柱以承载梁的重力。这种宽大的走廊方便过往的人休息,是骑楼式建筑最显著的特点。这种建筑连成一排,职业挑夫在这里吃饭、歇脚,生意很是红火。一时间,定南商业呈现一种畸形的繁荣状态。

现在的岭北镇迳脑村、大坝村,鹅公镇柱石村、岿美山镇左拔村、寨头村都有保存完好的骑楼式建筑,而且规模都不小。这些地方恰恰是职业挑夫歇脚、中转的地方,也是货物集散、中转的地方。认真研究这些建筑,对于研究抗日战争时期定南商业畸形繁荣的历史以及其背后隐藏的商业智慧,都有极大的价值。

（作者:缪军）

九、建造围屋的资金来源

建造围屋需要庞大的资金,如此大的资金不是普通家庭短时间内能够积攒下来的,可是,小小定南县在明清两代偏偏建造了众多的围屋,在这里我们来说一说建造围屋的资金来源。

建造围屋的资金,大致可分为两大类。

第一类是合法的来源渠道。在这一类资金中,来源最大的并不是人们想象的经营耕地。定南"八山半水一分田,半分道路和庄园",耕地面积只占国土面积的百分之十,而且封建社会生产力水平低下,水稻单产很低,经营耕地很难在短时间内积累巨大的财富。其实,经营耕地反而不如经营竹木。当然不是单纯地自己种树种竹,而是做竹木生意。定南的九曲河是江西境内唯一通往广东的黄金水道,依托这条黄金水道,不知道富裕了多少定南人。提到做生意,定南人不是只做竹木生意,而是什么生意都做。定南人多是广东、福建回迁的客家人,除了客家人普遍吃苦耐劳等品格以外,骨子里似乎就有做生意的基因,比一般人更能捕捉商机。这一类是建造围屋主要的资金来源。

第二类是来源不怎么合法或者说不怎么正大光明的资金。这类资金涉及的面特别广,主要是贩运私盐的收入。不仅定南县,就连邻近的龙南、信丰、安远等县,只有在清朝康熙年间有十年左右的时间食淮盐,其他大部分时间食潮(州)盐和惠(州)盐。封建社会食盐不仅官营,而且配给的数量严重不足,因此,自古以来贩运私盐就是致富门路之一。邻近各县的官盐都是通过九曲河运送到现在定南县天九镇兴隆村的盐库中,再分配给各县。如此一来,不仅运送官盐的船只和挑夫贩运私盐，就连做正当生意的生意人也经常夹带私盐。贩运私盐在封建社会几乎是公开的秘密，官盐通道往往也是私盐通道，甚至有驿卒、官员参与其中。历代封建政府都在打击私盐，所以，这种收入是见不得光的。因而，许多人就说是挖到了无主窖藏。其实，定南并没有那么多无主窖藏可挖，大多数还是通过贩运私盐获得收入。

从这里我们可以看出，无论是合法的还是不怎么合法的资金来源，都是依托九曲河黄金水道派生出来的。这也正好说明了，在民国以前，由于陆路交通极不发达，水路运输在我们生活中发挥了重要作用。九曲河作为沟通江西与广东的黄金水道，其作用不是我们生活在现代社会的人们可以想象的。

（作者：缪军）

第二编　人物编

在客家人看来,"子孙务宜忠孝为先",为子而孝,为民而忠,是每个客家人血液里流淌着的美德精神。《孟子·离娄上》说:"天下之本在国,国之本在家。"客家先辈们总是"嘱后裔继志述事,毋忘忠孝初心"而"忠于国,孝于家",这正是五千年中华文化"家国情怀"的深厚积淀。

定南虽然建县历史不长,人口也不算多。但勤劳勇敢的客家人,秉承"耕读传家远,诗书继世长"的传统,鼓励子弟勤学苦读,闯荡天下。慷慨悲歌之士,风雅博学之人,共同为定南这方热土点缀了亮色。

定南县很小,2015 年全县人口才 21 万,明隆庆三年(1569 年)建县时更是只有 1800 多人。就是这个小小的定南县,清朝却出了钟一诚、黄允爵等三文三武六进士。

一、方其道

（一）方其道生平简介

方其道,1893 年 2 月 19 日出生于虎形围一个半耕半读的家庭,4 岁开始由祖父教读唐诗,13 岁随舅父在信丰读书,后进入江西陆军小学堂,学名方兴,继入武昌陆军预备学校,毕业后转入保定陆军军官学校。他在校期间因参加进步学潮被开除,易名方其道入江西法政专门学校法律科求学,毕业后主要在南昌从事报社记者工作,其间与刘和珍相识相恋,并于 1921 年订婚。方其道投闽军赖世璜部当兵,资助刘和珍在北京女子师范学校读书,相约刘和珍毕业后就结婚。谁料,1926 年 3 月 18 日,刘和珍在请愿时竟被段祺瑞执政府打死。此后,方其道追随武昌陆军预备学校时的同学吉安人刘峙长达 13 年,1940 年因处决政治犯与刘峙意见不合而辞职,1946 年病逝于南昌。

（二）千古爱情成绝唱

方其道与刘和珍聚少离多。方其道 1921 年在江西任《中庸报》经理期间,租住在刘和珍家。在南昌女子师范就读的刘和珍与方其道一起参与组织"觉社",出版《时代之花》周刊,宣传新文化、新思想、新风尚。他们在相互接触中自由恋爱,并在当年订婚,订婚后 10 日,方其道因所写文章激怒军阀当局,缉捕甚急,仅在她家留一字条就走了。1922 年冬,方其道返回南昌,刘和珍曾让他在南昌找工作,两人可以朝夕相处。然而,方其道只待了 5 天,当刘和珍得知当局又要逮捕他时,立即请人送信叫他去上海,不要向她告别。

刘和珍从女师毕业后,想去北京考大学,但没有钱。这时方其道在闽南军中,他非常节俭,将半年积蓄的 80 元,从驻地步行 90 里到漳州汇给刘和珍。她就拿了这些钱去北京考试,考入了北京女子师范大学英语系,方其道每月定期寄给她生活费。

1925 年夏,为方便互相照顾,方其道到北京女子师范大学任图书管理员。当时刘和珍被选为女师大学生自治会主席,并正在领导学生开展驱逐顽固守旧的校长杨荫榆的运动。这时方其道被阻在校外,他担心刘和珍的安全,在女师大门口徘徊。几天后门禁稍松弛,他开始每天入内协助刘和珍办事。两人风雨同舟共患难,1925 年 11 月,长达 1 年之久的驱杨运动以学生的胜利宣告结束。

1926 年,在帝国主义列强发出八国通牒后,刘和珍曾要方其道再入军籍,并说:"外抗强权,内除国贼,非有枪不可。我毕业后,也要到军队来当你的秘书,同尝沙场的滋味。"

1926 年 3 月 17 日晚,刘和珍打电话要方其道第二天同去国民大会请愿。3 月 18 日,方其道到天安门稍迟,到执政府门口,远远地看见她站在执政府门口东边最前面。当时方其道觉得今后相见谈话的时间尚多,便没有挤过去,岂知这遥遥一面,竟是最后永诀。年仅 22 岁的刘和珍遇难,方其道痛悼:"生未同衾,死难同穴,劳燕惜分飞,六载订婚成一梦;内除国贼,外抗强权,疆场空有约,白宫溅血泣黄泉。"

刘和珍牺牲后,她在方其道心里留下的印记一直无法磨灭。刘和珍牺牲时唯一遗留的胞弟刘和理年仅 16 岁,方其道长期奉养刘和珍的母亲,并供刘和理读书至武汉大学化学系毕业。抗战期间,南昌危急,此时方其道已从军队辞职迁居赣州,生活水平急剧下降,到了要靠变卖他喜爱的收藏品度日的地步,但他仍将刘和珍的母亲和弟弟接到赣州家中避难。日军进犯赣州时,他又将刘和珍母亲接回定南农村老家,直至抗战胜利后才与刘和理一同返回南昌。方其道后来与朱洁华结婚,所生的二子五女一直称刘和珍的母亲为外婆,称刘和理为舅舅。方其道的子女与刘和理的子女也一直保持来往,亲如一家,在当地被传为佳话。

2010年,江西定南县文化宣传部门曾利用地方文化遗产赣南采茶戏的形式,组织创作剧本《方其道和刘和珍》。

(三)方其道悼念刘和珍

下面这段文字是用墨笔写在一张淡灰色的相片卡纸上的,全文如下:

此遗作两幅,为和珍被难前两日晚间在郭伯珍寓所所作。曾记当日下午,伊下课后,即用电话告我,谓当夜赴郭伯珍处作文。次日晚间又用电话约我十八日同赴天安门国民大会。我便中问伊昨日之文作好否?伊回答已作好,但是否有文法上之错误则不自知。熟(孰)知此竟成伊之绝笔耶!

其道泣志四月十五日

从相片卡纸上这段文字可以看出,作者与刘和珍之间存在着亲密关系。当时《京报副刊》上发表了《痛哭和珍!》一文,文章有这样一段话:"和珍!你明天出了校门走到石驸马大街时,你记得不要回头。假如回头,一定不忍心离开你自己纤手铁肩、惨淡缔造的女师大;假如回头,一定不忍舍弃同患难、同甘苦的偕行社诸友;假如回头,你更何忍看见你亲爱的方其道……"这里的方其道,就是

相片卡纸上"泣志"那段文字的其道,她是刘和珍的未婚夫。在追悼刘和珍烈士的灵堂上,曾有他的挽词:

"生未同衾,死难同穴,劳燕惜分飞,六载订婚成一梦;

　内除国贼,外抗强权,疆场空有约,白宫溅血泣黄泉。"

挽词和那段泣志的文字一样,真是声泪俱下!

早在1921年,刘和珍在南昌女子师范读书时,同方其道就已经相爱了,所以说"六载订婚"。鲁迅先生在《记念刘和珍君》一文中说:"然而既然有了血痕了,当然不觉要扩大。至少,也当浸渍了亲族、师友、爱人的心,纵使时光流驶,洗成绯红,也会在微漠的悲哀中永存微笑的和蔼的旧影。"

刘和珍倘若今天还健在,该是白发皤皤的80多岁的老人了。为了民族和人民的解放事业,她20多岁就献出了自己年轻宝贵的生命。

可是,也正如鲁迅所说,不论时光怎样流逝,她微笑、和蔼的形象将在亿万人民的心中永存。

（原载于《羊城晚报》1988年3月8日）

二、进士代表

（一）武进士——黄允爵

黄允爵，字天锡，生于清顺治十三年（1656 年），康熙年间由定南县高砂堡（今老城镇）迁居下历司（今历市镇）牛牯围，康熙二十六年（1687 年）中丁卯科武举人，康熙二十七年（1688 年）中戊辰科武进士（王应统榜），先后任两广督标左营中军守备、崧台大司马左军统帅，封武德将军（正五品），逝于康熙四十六年（1707 年），时年51 岁。

（二）武进士——黄恒红

黄恒红，字汉标，号竹山，生于清康熙三十二年（1693 年）八月十二日，高砂堡（今老城镇）赤竹山人。雍正元年（1723 年），由庠生中式雍正癸卯科第三名武举，当年恩科会试联捷武进士，考选一等。

雍正九年（1731 年），黄恒红被特授广西柳州提标左营中将守府，护理提督军门大厅参府事，参府周某与黄恒红系同榜武举，平时交情很好。雍正十三年（1735 年），因参府周某与提督张某性情不合，张某就找机会参奏了周某，后经查处，参府周某是清白的，因此官复原职。提督张某恼羞成怒，不久又纠集一些人，找了一个机会，以才能不能胜任为由，参奏黄恒红以泄私愤。黄恒红因此遭免职，之后不久，朝廷照例以位缺起用他。乾隆七年（1742 年），黄恒红被制授浙江宁波卫千总，因护送漕运有功官升三级，后又五次解送漕运粮食,都安全到达码头,毫无损失。负责调运粮食的官员制作牌匾赠送给黄恒红,以表彰他在转漕(转运粮饷,古时陆运称"转",水运称"漕")时的功劳。乾隆二十年(1755年),总漕大人瑚某以黄恒红年富力盛、身体康健、熟悉漕务奏报朝廷,调补其为江南淮安卫守备,工作紧张而繁忙。之后,黄恒红又先后三次护送漕运,都全部安全到达。江南坐粮厅大人杨某,特制作牌匾赐送给黄恒红,称赞他熟悉漕运事务,善于计划安排。

黄恒红虽为武官,却善于吟诗作对,工于书画。更为可贵的是,他十分孝敬长辈,友爱亲朋,为人低调,不讲排场,不摆架子。他为官清正廉洁,克勤克俭,从来不乱收别人的钱财。他做事认真,无论大小都能兢兢业业,料理妥当后才放心。

黄恒红做人忠厚诚实,与朋友交往言无不信,推心置腹,别人也不会欺骗他。比如,江南都察院御史兼提督学政李宜青(宁都县人),性情耿直,孤傲清高,很少人能与他合得来,但他却与黄恒红相知要好。黄恒红调任他职时,李宜青曾写文章赠送给他。

黄恒红后逝于淮安任内,具体年月不详。

黄恒红的夫人姓田,生于康熙甲戌年(1694年)八月初六,按照当时惯例授封为"安人",与黄恒红生育七个儿子。田氏为人文静,平时话语不多,慈蔼和气,妯娌之间相处得很好。她善于操持家务,做事井井有条,虽然丈夫因在外为官待在家里的时间很少,田氏却能勤俭持家,对上侍奉公婆,对下教育儿孙,婚丧嫁娶,宾客往来,都能料理得很好。田氏后随黄恒红一起赴任,于乾隆丙子年(1756年)六月十二日,在江南邳州土山(今江苏省邳州市土山镇)去世,享年62岁,安葬于邳州市土山镇东南角李素修家的地界。黄恒红去世后,其后人将田氏骸骨迁回家乡合葬。

（三）文进士——钟一诚

钟一诚,字天龙,号腾云,定南县横江堡上坑村人,生于清康熙三十六年(1697年),卒于乾隆四十七年(1782年),享年85岁。其母怀胎十月,眼看要生了,生了三天怎么也生不下来。这时,有人指点说:"小地方生不出大人物,要找个大地方去生。"于是,其父就请人将其母抬到中圳祖厅上去,果然生下一子。其父非常高兴,就给他取了那么响亮的名字,所以,也有人说钟一诚是中圳村人。

一诚少时聪颖过人,好读书,据说一诚乡试、会试一路凯歌,殿试时,乾隆帝本欲点他为状元,皇后问皇帝新科状元叫什么,乾隆帝脱口而出,说叫钟天龙。皇后一听火冒三丈,他敢叫天龙?难道你皇帝是地龙?于是,一诚就这样落榜而回。第二次再考,乾隆帝又想点他为状元,皇后问时,乾隆帝学乖了,不说钟天龙,而说钟一诚,没想到皇后又说:"他是一臣,难道你是二臣?不行不行。"乾隆帝到底还是怜其才学,点了个进士给他。钟一诚先任崇义县教谕,再任山西省定襄县知县。生性耿直的钟一诚目睹乾隆官场贪污成风,又不愿随波逐流,遂于乾隆十一年(1746年)辞官回乡。回乡后的钟一诚诗酒自娱、热心公益,由他倡修的石拱桥至今尚存。他著有《半醒斋杂著》11卷,全部卖给了广东人,传说广东人买到他的书看后也中了两个进士。

钟一诚作为致仕(退休)官员,热心教育,经常受邀到学宫为生员授课,来回都要经过神仙岭。神仙庵左侧设有"阆风亭"一座,供过往行人歇脚。有一卖茶老人为人供应茶水。某日,钟一诚照例在亭内休息片刻,一阵凉风吹来,钟一诚有感于自己前半生热心功名,却在壮年看破世俗,急流勇退,提笔在亭中柱子上写下:"且放下,欢饮几杯,多少快活;莫着忙,笑谈片刻,无限风流。"此联亦趣亦雅亦俗,写景写境写心,用通俗易懂的语言奉劝世人。至今定南仍流传一句歇后语"神仙岭的对子——多少快活"。钟一诚的对联为阆风亭增色不少,也与神仙庵遥相呼应,浑然一体。

（四）文进士——黄吉芬

黄吉芬,字兰友,号善亭,生于清雍正十二年(1734年)九月二十三日,定南县高砂堡(今老城镇)黄砂口铜锣丘人,中乾隆四十五年(1780年)文进士,授文林郎,先后任四川省奉节县(今重庆市奉节县)知县、福建省永定县(今永定区)知县。他居官俭约,为政清廉,严明公正,乾隆五十九年(1794年)逝于任所,时年60岁。

清道光五年(1825年)刊本的《定南厅志》记载:"黄吉芬,字善亭,风度端凝,读书目数行下,为八股及古文,词雅健有法。弱冠补弟子员,又十二年,举于乡,留试京师。时汪孝传、宗伯恒曰:'豫章黄子,性学粹美,为吾党最,他日所就必大。'庚子成进士,德定圃先生极赏之,乡会皆出其门。任子铨次,得闽之永定县,有青天之称,永士承其相授,文皆有程度。年六十,赍屏颂祝进士沈鸿儒,为文拟诸次公之治颍川云。后卒于官,平生著作甚富,惜未梓行。"

（五）文进士——黄时沛

黄时沛,号石农,生于清乾隆二十四年(1759年),定南县下历堡(今历市镇)油潭村人。时沛少时聪慧,才思敏捷,喜爱读书。其父便将他送去村中的私塾读书。一天下午,一阵叫卖声传来,原来是一个小贩在叫卖书。小伙伴们一拥而上,见小贩只有10多种书,当然大多是当时科考必备的四书五经之类,其中有那么两本是时沛没有的。时沛真想买下来呀，可是，生性至孝的黄时沛知道自己贫寒的家境，父母根本拿不出钱来为自己买书。这边时沛默默地沉思，那边小伙伴们可热闹了，看的、买的，你推我挤，小贩倒是很开心。不知不觉天色已晚，时沛突然灵机一动，热情地邀请小贩去他家住，心想：我买不起，晚上看看总可以吧。小贩看天色已晚，也就跟着小时沛去了他家。整个晚上，小时沛挑灯夜读，竟然将两本书背下来了。第二天一早，小贩要走了，选了两本书要送给时沛。时沛羞怯怯地说不用了，这两本书他昨夜已经背下来了。小贩不相信，小时沛便背起来。就这样，小时沛是神童的名声便在十里八乡传开了。

时沛没有辜负父亲的厚望，"童年入泮"（年少中秀才）、"弱冠举于乡"（20岁中举人）。中了举人之后的黄时沛不仅可以免费到县学宫读书，还有资格参加孔庙的祭祀活动。有一年春祭，本来阴雨连绵的天气使人格外烦闷，偏偏这时定南厅同知出缺。临时"署理"的候补同知不仅迟到，而且"谱"摆得很足，一路上慢慢吞吞、大摇大摆。众秀才都一肚子怨气。年少气盛的时沛不觉嘀咕起来：他日我若开正门（指中状元），当不与这种人同僚。同窗们想起时沛平日里的表现，也认为时沛高中状元只是时间问题。时沛在心中暗暗立下了要考状元的誓愿。

可是，就有这么怪，无论时沛怎么发奋读书，考了两次都名落孙山。但是时沛没有气馁，而是更加勤奋地读书，甚至连新婚的妻子也冷落了。乾隆六十年（1795年），乾隆帝宣布将皇位传给儿子，自己当太上皇。对这一皇家庆典，朝廷加了一次科考会试，历史上称为"乙卯恩科"。黄时沛回家准备行装，又是彻夜攻读，第二天远行，受到冷落的妻子不仅不来送行，还来了这么一句：中了天官回来我也不欢喜。唐代武则天曾改吏部为天官,定南民间一直都叫管官的官为天官。

时沛家境贫寒,没钱送礼,不过这一次还是高中进士,而且没有被外放七品县令,而是留在吏部当了个文选司主事。本来,在腐败的官场,这种官是相当好的肥缺。可是,时沛不仅不送礼,还心高气傲,不同流合污,因而,处处受制于主官。为排解胸中闷气,时沛写了封家书,想把父母妻儿接到京城,一家人团团圆圆过日子算了。接到家书的妻子,才知道丈夫不是有意冷落自己,而是太过心高气傲,志存高远。想想在京城靠丈夫那点俸禄,一大家人过日子真是个难题,她便回了封家书,劝丈夫干脆辞官回家一起孝养父母。接到妻子来信,黄时沛感慨万千,想想这腐败的官场还真不适合自己这种心高气傲、没有关系的穷人,于是,以家中父母年迈需要孝养为由,辞去官职。

嘉庆三年(1798 年),黄时沛应邀到广东省东莞县(今东莞市)参与编修《东莞县志》。次年(1799 年),年仅 40 岁的黄时沛在油潭家中与世长辞。

(六)武进士——古礼治

赣州地区城乡一些老人,凡谈及古姓人氏时,往往会提起前辈古礼治。其实,古礼治乳名河清,字仿宜,号定波,清嘉庆十四年(1809 年)己巳六月二十一日戌时生于定南县柱石乡白沙村上新屋,殁于清光绪十三年(1887 年)丁亥十月九日卯时,享年 78 岁。

古礼治能当上大官,据说跟他神话般的出生有关。白沙村历代流传下来一段故事:古礼治从娘肚子生下来时是一条红鲤鱼,母亲看到后很害怕,祖母却很机灵地马上用洗澡的木盆把它盖住,不让它溜走。经祖母这么一盖,这条红鲤鱼很快现出人形,发出了娃娃的哭声。因此,人们说古礼治是"鲤妈精",他的乳名河清,意即与河水较亲,如鱼得水,前途无量。当然,这是一种毫无科学依据的民间传说而已。

古礼治幼年家境清贫,全家四兄弟靠父母耕种谋生。他幼时天真活泼,性格开朗,生性好动。他的童年是在私塾中度过的。他入私塾就读不喜欢带书本,经常逃学到私武教堂学武练功,有时候早退到本村的中心坝(河中的小岛)独自去玩石头练功力。长辈们看他如此倔强,就不太强求其从文成才,便让其自然成长。由于他对武功执着追求,清道光十八年(1838 年)中戊戌科武进士,郝光甲榜,被选为蓝翎侍卫。古礼治曾出任涿州(今河北省东北部京广线要道上)营守备署、天津静海营都司义署、直隶大名府都司、驻古北口(今北京市密云区东北部的长城险关)提标左营游击署、中营府。古礼治任职期间得到当时统治者的赏识,晋封武显将军。古礼治的祖父古仁将、父亲古义勇都被封为武功将军;祖母彭氏、母亲冯氏都被封为二品夫人。古礼治中进士后,在他家上新屋的大门二层楼檐下挂有他亲立的"御前侍卫府"字样的门匾及有"登科"字样的门牌,此时真是光照门第,荣宗耀祖,声名显赫。

古礼治后期实职是北京皇宫侍卫官,据说他能经常看到皇上和皇后。日久天长,他对皇后产生了一丝眷恋之情,有一次在请探亲假时偷看皇后,被皇上发觉。皇上责问他:"看什么?"古礼治灵机一动,回答:"我喜欢那门前雄伟的狮子,看得清楚些,想回家仿造一对。"幸好皇上没看出破绽,他才避免了一次杀头之祸。古礼治假戏真做,回家探亲期间,雇石匠仿造了一对石狮子,至今仍放在上新屋门坪上。石狮子除有扶正祛邪的用意外,还可供来往行人和村中老少观赏。

古礼治生长在尔虞我诈的封建社会，外出为官40多年，乡里间却没有人讲过他有剥削欺压平民百姓的行为；他不干预地方政事，不插手家族事宜；他不带家族随员，不搞鸡犬升天。他每次告假返乡探亲都轻车简从，食宿简朴，无须迎送；他严谨诚实，不表功绩。清光绪十三年（1887年）仲夏，他偕夫人告假返乡探亲，突发重病不治，于是年十月十九日卯时在家中病逝，享年78岁。由于当时丧葬习俗官民反差很大，家族中古礼治属于年迈长辈且有官衔，族中在世者无人敢于点"主"送葬；官府中由于交通、通讯不便，山高路远，不可能直接告知都、郡、府、厅各方，古礼治的遗体入殓后迟迟不能发丧，只得在门前菜园地搭棚存放，年复一年未曾入土埋葬，灵柩周围花草小树丛生，后裔更无法料理。直至71年后即1958年，平整土地扩大耕地面积时，才有玄孙古培材主持请人收殓遗骸，随后按农村习俗择址入土建坟，始能供后裔祭扫。

古礼治去世后没几年，他的夫人魏氏相继离世，按农村习俗举行了隆重的丧葬仪式，其坟墓名为"魏氏佳城"。她的灵柩内安放了不少金银饰品等陪葬品。1983年"魏氏佳城"被盗挖，经告发侦破，系本乡早禾村冯某勾结寻乌县白果前村冯某某、何某某等人所为。罪犯以挖盗古墓财物罪被判处有期徒刑三年及罚款等项，被盗财物全部归公。

（作者：郭林英）

第三编　习俗编

　　定南属于纯客家县,因此定南习俗与其他地方的客家习俗大同小异。一方水土养育一方人,定南仍然有其独特的风俗习惯,特别是在饮食上表现最突出。

　　定南地处长江与东江水系交界处,山高林密,独特的地理环境,必然会孕育独特的民俗风情。先人的智慧,历经数百年沉淀,代代传承。

　　本编通过资料、图片,集中介绍定南各种习俗,从衣、食、住、行到节令气候,力求准确,体现风味。

一、衣着

（一）"赣南客家服饰"简介

（定南县2021年全国第五批传统习俗非遗项目）

赣南客家服饰,原名定南客家服饰,是定南县2021年全国第五批非物质文化遗产项目。该项目在赣南地区具有历史、艺术、科学、实用价值且具有广泛性、代表性,因此,在推荐其申报全国第五批非遗项目期间,专家学者讨论后,决定更名为"赣南客家服饰"。

定南客家服饰掠影

据载,赣南客家服饰始于汉唐,由于战乱灾荒,大量中原汉民南迁,把优秀中原文化艺术带入赣、闽、粤地区,并与当地畲、瑶文化不断交融,创造了客家服饰,传承至今已有千年历史。赣南客家服饰相关制品有客家男女衣裤、帽帘、围裙、头帕、吉祥童帽(莲花帽、虎头帽、半堂铃帽、全堂铃帽等)、吉祥肚兜(喜鹊杏蝠兜、平安

杏蝠兜、蝴蝶文昌兜等),尤其以童帽、铃帽、肚兜的色彩斑斓、精巧构图、吉祥寓意等表现形式,成为充满吉祥文化内涵、极具艺术魅力的客家儿女穿戴的珍贵工艺品。同时,台湾也拥有460多万客家儿女,其祖先大多从赣、闽、粤客家地区迁至台湾,因而,台湾客家服饰与赣南、闽西及粤东客家服饰同根同源。因此,着力推进赣南客家服饰文化艺术的保护与传承,有利于强化两岸民族文化认同,对祖国的统一大业意义重大。

缪月秀(女,汉族,定南县人,1937年生)、缪香清(女,汉族,定南县人,1960年生)为姑侄关系,分别是赣南客家服饰的三代、四代传承人。传承形式是家族女性言传身教、代代延续,遂有"吉祥花帽制作难,技艺传女不传男"之说。主要相关制品以帽帘、围裙、头帕、吉祥童帽、吉祥肚兜等为主,尤其以吉祥童帽、铃帽、肚兜为佳,从剪花样、绣花、连接到配银器一气呵成。她们追求花帽里布以红色棉布为吉色,花帽外表以黑色棉布为底色,以各色真丝线绣为表现,其花帽绣品色彩对比强烈、吉祥寓意深远,针法精细、流程到位,将童帽、铃帽、肚兜等制品的人文艺术形态表现得惟妙惟肖。

(作者:缪军)

二、婚嫁

定南人谈婚论嫁,也和大多数客家人一样,信奉父母之命、媒妁之言,须经发口谕、传庚、小聘、报日、大聘、迎亲、拜堂等程序。可是,不知从什么时候开始,定南竟然流行在正式程序开始前,组织男女当事人及其父母先见上一面。这虽然和今天的自由恋爱有区别,但最起码男女双方有个初步的认识,避免了许多不幸婚姻。一般孩子到了谈婚论嫁的年龄,父母就会托媒婆留意一下有没有合适的对象,如果孩子特别优秀或者家境特别好,媒婆也会主动上门提亲。当然,这些都是撒网性质的,只有双方父母听了媒婆介绍后认为可以的,媒婆才组织见面。见面的地点一般选择在圩镇的小餐饮店,时间是赶圩日,以全家"赴圩"为借口。双方在店里见面后,简要地、非常巧妙地打听一下对方的基本情况。谈着谈着就到了午饭时间,毕竟从农村赶到圩镇要花一定的时间,这时就由男方请吃午饭,这也是男女双方表达意思非常含蓄的方法。如果男方对女孩子有意思,则通知店家上炒粉(粉丝加肉丝或蛋炒制的主食)。如果女方也有意思,就高高兴兴坐下来吃,双方按程序继续往下走;如果女方不满意,就委婉地表示感谢后离开。如果男方对女方没意思,就会通知店家上汤粉(水煮粉丝),女方一听就知道意思,这门亲事也就到此结束。还有一种情况是双方家长都很满意,唯独女孩本人不是很满意,这是可以做工作的。一般情况下,父母当场就能从女孩的神色中感觉出来,感觉女孩对男方不是很满意,可以拉女孩到另一个房间做工作,通过做工作大部分女孩最后还是会答应的,毕竟父母是为女孩一辈子的幸福考虑,生活经验也比较丰富。当然,也有的女孩特别有主见,无论怎么做工作都不行的。所谓炒粉、汤粉只是为了表达意思,吃饭当然得有菜有汤,第一次见面男方都会大方点。当面拒绝是很不礼貌的,聪明伶俐的客家人想到了这个简单而含蓄的办法,不至于让双方下不了台,也不会让女孩太害羞。如果双方都满意,男孩要送给女孩见面礼,俗称"压手礼",也有点定亲的意思,礼物不一定多贵重,但一定要有纪念意义,如耳环、簪子等,也有送戒指、手镯的。如果婚事成了,就是一辈子的纪念;如果婚事不成,一般女孩会把礼品退回来。

定南的新娘子是要哭着离开娘家的,否则会被人耻笑。婚礼前一天,男方家派来的"夫子"挑来了所有食材,大厨们已经忙开了,许多亲戚已经到了,总之,婚礼的气氛已经很浓了,新娘子想到自己马上就要到一个完全陌生的环境中去生活,远离父母和平日要好的姐妹,就会边哭边唱。唱词主要包括对父母养育之恩的感激、对父母等长辈的思念、对姐妹的不舍、叹自己命苦要远离父母、骂媒婆嘴刁等等。姐妹们会过来劝,也是用唱的方式,劝着劝着就一齐哭。母亲和其他的女性长辈也会来劝,劝着劝着也一齐哭。长辈的唱词一般是教育女孩到了婆家要谨守妇道、孝敬长辈、勤俭持家、善待姑叔,总之是一些做人的道理。这就是"哭嫁"。哭嫁要延续到女孩离开娘家,不过是断断续续的,没日没夜地哭谁也受不了。新娘子离开娘家时,要到大厅神龛前拜辞祖先,然后拜别长辈,按照新娘的舅舅、长辈亲戚、娘家长辈、平辈亲戚、娘家平辈的顺序,都要给新娘子"上轿钱"。当舅舅和长辈给钱时,新娘子要每人哭唱一段,后面只要歌声不断就可以了。旧社会女孩子婚嫁时年龄太小,一般十五岁左右,这种哭嫁大多是真情的流露。

(作者:任建群)

三、定南客家哭嫁习俗

定南客家哭嫁习俗2010年被列为第三批省级非物质文化遗产。哭嫁是一种新娘在与父母家人分别之前以唱歌或者啼哭的形式,抒发离别之情的传统婚姻习俗,这种哭嫁习俗在我国很多地方存在着。

男婚女嫁,这本是人类生活中的大喜事。从恋爱到结婚成夫妻,给男女双方都带来了无限的幸福。但新娘要与父母、兄弟姐妹等家人分别,感情的确难分难舍,所以每临姑娘出阁,哭声不断,其声凄切,确实也在情理之中。

定南客家历来重视"哭嫁",俗云"闺女不哭,娘家无福"。哭嫁不仅有专门的哭嫁歌,还有许多程序,新娘的婶娘、妯娌、姐妹、舅母、姨娘等五亲六戚的女客人都来陪哭劝哭。"缠绵悱恻哭嫁歌,一怨三叹断人肠"就是对客家人哭嫁的生动描述。

哭嫁是当地婚嫁习俗中客家方言与曲调(哭调)合一的独特民间习俗文化表现形式。该形式传承至今已有800多年历史。它是客家女出嫁时深刻表达对父母的养育之恩、兄弟姐妹手足情深、亲友邻里感情的重要文化载体,并在当地社会的历史进程中,为促进和谐社会的发展起到了重要作用,因而,现在仍延续着该优秀传统习俗。其方言、曲调对研究我国唐宋时期中原文化(普通话)艺术具有历史参考价值。

按哭嫁的传统习俗,客家女在出嫁前,有七天的"哭嫁期"。出嫁日,新娘穿红衣绣鞋,由亲舅或族中多子多福长者牵着出闺门,进厅堂拜别祖上、父母,便与父母相拥号哭。这是特殊啼哭,是向亲友哭诉离别之情。此时,新娘边哭边唱"哭嫁歌",歌词内容一是哭父母,感谢父母的养育之恩;二是哭兄弟姐妹,告别手足情深;三是想到自己很快就要嫁到夫家,生怕自己难以适应新的环境而痛哭。这时,父母、亲友会随之流泪,叮嘱新娘归门后,抛去娘家娇气、孝敬公婆、相夫教子、勤劳耕作。依照习俗,新娘在上轿前,其家人、亲戚要给她拿上轿钱,即"扎腰"。因此,新娘哭得越长久越动容,上轿钱就越多。俗话说"新娘不哭,娘家冇福,新娘越哭越吉福禄",就是这个道理。

行将出嫁的女子在私厅或自己的闺房里邀请一群平日相好的姐妹,一边做针线活(纳鞋底、鞋垫,织毛衣等)一边开始哭嫁。旧俗传统保留比较完好的,哭嫁不仅有专门的哭嫁歌,还有许多程序。一般开始时姑娘幽幽地哭,并不唱出哭嫁词,只是说自己命苦或怨媒人之类的话。此时由姑娘的母亲或姐妹引唱,如:"红丝线,锁鞋头,家家养女挑猪头,猪头进屋娘就喜,爆竹一响娘就愁。"此时,新娘的婶娘、妯娌、姐妹、舅母、姨娘等五亲六戚的女客人都来陪哭劝哭。

新娘哭嫁的内容主要分为三个部分:

开始是倾诉姐妹离别之情:三月绩麻共凳坐,四月挑花共花箱,挑花绣朵箱未满,棒打姐妹两分散。

接着是哭母女离别之情:堂屋中间一炉香,先拜爷佬后拜娘,先拜我爷养我大,后拜我娘睡湿床。

最后才是谢客,感谢众姐妹、众乡亲来送她。哭嫁的时候先是母亲来陪哭劝哭,可是母亲又怎经得起离别之苦的折磨,三两句便劝到伤心处。母亲自然成了主角,和女儿一同放声大哭起来。

姑娘哭时,众亲邻也一边劝一边哭,哭声幽幽,劝语殷殷,一边抽泣一边用手不停地揩拭眼泪,那难舍难分的骨肉亲情,让人为之动容,在场的人无不为之泪下。此时还有一种规矩,就是陪哭的各位女亲(友)都要给姑娘"扎腰礼",又称"垫腰包"。哭嫁时,姑娘脖子上挂一个红肚兜,众亲友一边劝哭一边给里边添钱(旧时多为花边,即钢洋),以此表示安慰和祝福,希望姑娘身体健康,挺直腰杆做人。

哭嫁作为一种风俗,其来由和寓意,与旧时的婚姻俗信有关,与封建礼教有关,出嫁时姑娘不哭不仅会被认为不吉利,还会受到舆论的谴责;还有一个重要因素就是感情的作用。旧时婚姻全由父母做主,嫁给什么人,婚后的生活如何,心里全没底,想到这些真是伤心断肠,岂能不哭?嫁出去的女,泼出去的水,婚后除非与丈夫感情不和或婚姻发生变故,否则是很难和父母、兄弟姐妹见上一面的,这种别离之苦确实令人难以承受,岂能不哭?

如今婚姻自由,新婚自然幸福,客家新人早已用歌声代替了哭声。哭嫁的习俗在定南一些比较偏远的山区依然存在,定南客家哭嫁习俗2010年被列为第三批省级非物质文化遗产,既保护传承了文化,又可以促进经济发展,对乡村振兴起到很好的作用。

(作者:缪军)

四、舞龙

通常情况下,定南人会舞三种龙。第一种是香火龙。这种龙只在元宵时舞。用稻草扎成龙头和每一节龙身的形状,扎一根一米左右长的竹棍便于舞动。农历正月十三天黑后,在稻草龙上插上特制的香,从屋场的后龙山上舞下来,再到门坪、厅厦上舞。然后换上新的香,再到另一个屋场舞。换下来的香也不扔掉,而是让居民插在鸡舍门口,用于辟邪,可以保障一年六畜兴旺。这种活动要持续三天。到元宵节晚上舞完后,就将香火龙拿到河边烧掉。第二年要舞又得重新扎。这种龙不限节数,往往全村男女老少均可参与,节与节之间也不连接,舞法更自由。远远望去,场面很是壮观。

第二种是鲤麻龙。以一条鳌、一条青鲤鱼、一条红鲤鱼、一只虾为一组,定南人称鲤鱼为鲤麻,故称鲤麻龙。这种龙用竹篾编织而成,外面糊以符合颜色要求的纸。这种龙一般只在节庆时舞。如果在龙的腹内装上蜡烛,也可以配合香火龙晚上舞。配上旱船等等,就可以与中原的灯彩不相上下了。

第三种是黄龙。黄龙用处最多,也是用竹篾编成龙头、龙身、龙尾的形状,龙头、龙尾用彩色纸装饰,以事先画好龙鳞的黄布为龙身,中间用绳子串联,一般有五节、七节、九节龙,有的甚至多达一百节。不过,长度太长了,灵活性就会受影响。定南人过春节会舞黄龙,入住新居、重大节庆活动、庙会活动都要舞黄龙,甚至死者安葬也要舞黄龙,但是,参加过丧葬活动的黄龙"脏"了,不可以再参加任何喜庆活动。所以,一般情况下,定南的黄龙队至少备有两条黄龙,其中一条专门用于参加丧葬活动,这是绝对不能弄错的硬性规定。

无论哪种龙,都要配以锣、鼓、钹等打击乐器,舞动过程中还要燃放鞭炮。新的黄龙第一次舞动时要为龙点睛,把龙激活。黄龙入户,主人要递红包,为龙披红(布),呼吉祥赞语。舞黄龙在不同场合有不同的套路和打法,许多规矩和讲究,过去都是师徒之间口口相传,现在作为非物质文化遗产开始用文字的形式记录整理出来,使得人们可以了解、学习和掌握这门技艺。

(作者:缪军)

五、舞狮

瑞狮是定南特有的狮种,既有北方文狮的温婉细腻,也有广东武狮的灵动威武。

瑞狮的狮头做法相当复杂,先用含沙量少、质地细腻、黏性好的土制成胚,再在胚上用韧性好的纸加桐油一层一层糊上去,糊到十多层时放在阴凉通风处,完全干燥后脱胚,用油漆在表面画上各种图案,狮头便做好了。连接一块黄色的布作为狮的身子。

舞瑞狮的场合大致与舞黄龙的场合相同。一般舞黄龙时都会请瑞狮配合,但瑞狮也可以单独舞。舞瑞狮要用打击乐,还要放鞭炮,套路和规矩更多更复杂。龙狮相会,狮头绝对不能高于龙头,所以,舞瑞狮更累。

定南瑞狮,不仅注重瑞狮本身的舞动,更以唐僧师徒西去取经的故事为情节,注重"引狮",有沙和尚"单引",孙悟空、沙和尚"双引",孙悟空、猪八戒、沙和尚"三引",以及师徒四人全体出动的"四大引",使得场面更加生动热闹、妙趣横生。

定南瑞狮唐时就开始在民间流传,后经历市镇砂头村(今富田村)瑶前排武秀才张赞香进行较大改造后,逐步形成今天这种较为固定的套路和打法。过去都是师徒之间口口相传,2015 年被列为江西省非物质文化遗产项目,开始用文字形式固定下来。

(作者:缪军)

六、定南瑞狮

2019 年 10 月 1 日晚,18 头定南九色瑞狮在北京天安门金水桥前,进行了隆重的国庆 70 周年献礼,赢得了现场数万观众一浪高过一浪的喝彩声,获得了荧屏前数亿观众的阵阵掌声与点赞。在这精彩的时刻,在这欢乐的海洋中,江西省赣州市定南县九色瑞狮以高超精湛的技艺、吉祥喜庆的形象,瞬间传遍大江南北,走进千家万户,跃入海内外亿万观众的视野,永恒定格于中华民族文化高山的丰碑上,成为共和国辉煌岁月的动人乐章。

巍巍武夷山,悠悠赣江水,崇山峻岭秀,绿水满银河。赣南,这块美丽神奇的土地曾是共和国的摇篮,是客家文明的发祥地。在华夏五千年璀璨的历史长河中,客家文化犹如一串耀眼的珍珠,镶嵌在赣南大地的千山万水间,闪耀着千年的人文光芒。在这灿若星河的文明历史中定南瑞狮以其独特的文化魅力,唱响了一支最美最动人的赞歌。

(一)千年起源

追寻先贤客家路,千年瑞狮说古今。据《赣州府志》《定南县志》记载,定南客家先祖至今已有 2400 多年的历史。自秦始皇二十六年(前 221 年)统一中国后,分天下为三十六郡,定南属九江郡,至汉高祖六年(前 201 年)分豫章郡,下设 18 县,定南属南壄、于都两县,至明穆宗隆庆三年(1569 年)始设定南县。据《赣州府志·谢志》载,赣南在唐朝以前,"人数无多","赣之为郡,处江右上游,地大山深,疆隔绣错,握闽楚之枢纽,扼百粤之咽喉",是一处险要之地。"汉唐以前,率以荒服视之!"可见,古时赣南一带是一片荒凉之地。

自东汉末年起,至唐初,由于政局动荡,不断有北方汉民流入赣南,为客家先民进入客家地区提供了历史的契机,加速了当地土著与客家先民的大融合、大发展,为定南瑞狮的出现和发展铺垫了良好的人文与时空环境。

定南地处赣粤咽喉要冲,"南抚百越,北望中州",素称"岭峤咽喉"。史志表明定南有人类早期的活动,文明史迹丰富。定南文化馆、博物馆馆长龙翠峰对我们说:省、市文物部门于1983年在定南下历乡恩荣村大教场出土了不少的石环、石镯、石镞、陶鼎腿等新石器时代晚期的遗物,定南还有30多处商周文化遗址;于1995年在定南蕉坑发掘了一座东汉墓,因墓曾被盗,仅得一枚陶纺轮,但墓画像砖上印的虬须人面图案,却十分精彩。这些文物的发现与出土震惊了文物界,足以说明客家先祖有着卓越的智慧。

尽管如此,生活在此处的百越族却仍然处于原始社会时期,面对高山密林、野兽出没、瘟疫肆虐的落后生存环境,他们没有更多的办法。大多数时候,他们能做的仅是祈福上苍,祷告鬼神,求助巫医,把希望寄托于那些美好的幻想中。

相传,在远古时,定南一带的岭南山区经常出现奇兽,身长八尺,头大身小,眼若铜铃,青面獠牙,头生独角。奇兽除夕夜出现,来去如风,专门破坏农事作物,客家先民不胜其烦,便商议要消灭此兽。不知其名,因它逢年时出现,便称之为"年兽"。有智者献计,用竹篾及纸,扎成奇兽形状并染上颜色,以各种形状的布织成兽身,再招集勇士十数人,持器具立于一圆钻旁,待"年兽"经过之时,猛击打乐器,发"锵、锵""咚、咚"之声,如雷贯耳。"年兽"闻之,吓得落荒而逃,销声匿迹,不复出现。

为庆祝驱兽成功,客家先民便在每年除夕时拿出来舞动,久而久之,便名之为舞狮活动。舞狮活动从此便在客家民系生活中延绵了千年,成了客家人最重要的活动。

定南瑞狮历史悠久,其渊源可追溯至三国时期。《汉书·乐志》中提到的"象人",按三国时期魏国人孟康的解释,是扮演鱼、虾、狮子的艺人。

自曹魏政权的奠基人魏武帝曹操钦定北魏的狮子为"瑞狮"之后,瑞狮从此兴盛于宫廷、军队和民间,延绵千年。可见,三国时已有舞狮子的活动了。

到南北朝时,宋文帝元嘉二十三年(446年),在交州一带(即今广州、广西等岭南地方),有用舞狮作为战争武器击败敌方的记载。至唐朝时,传说唐明皇梦见一只五彩缤纷、阔口大鼻的独角兽对着自己,这只怪兽没有恶意,在台阶前滚球,姿态威武。唐明皇醒后命近臣照他梦境中的怪兽模样制造出来,才知晓是一只"百兽之王"——狮子,便命礼部用雄壮的锣鼓配乐编成舞蹈,在宫廷表演,称为"太平乐",又叫"五方舞狮子"。至宋朝时,舞狮活动在佛寺庙观中出现,有僧、道人坐在狮子身上做法事,讲道、诵经、念佛,开狮子会,民间也日渐流传开来了。

三国至五代十国数次北方汉民的大迁徙,加速了汉民族进入赣南等岭南地区,而赣南的古越族及其后裔也逐渐融合到这支自然而然形成的客家民系队伍中,成为现在的客家先祖。至此,赣南客家人从分散的部族到完全成熟为一支新的独特民系——赣南客家民系,完成了其千年的转换,焕发出无穷的文化魅力。瑞狮与客家文明同步出现,同步发展,构筑了定南瑞狮1800多年的文明生涯,构成了客家文明与中华文明相辉映的美妙乐章,滚滚向前,经久不衰。

(二)薪火沿革

千年文明波澜壮阔,千年瑞狮独领风骚。经过三国到明隆庆三年(1569年)1300多年的发展,定南瑞狮从简单的驱除"年兽"活动逐渐成为一种多样化的民俗表演,其技艺表现与传承发展得到了量与质的飞跃,不但丰富了客家人的精神文化生活,而且赋予了瑞狮独特的思想文化。

明朝隆庆三年(1569年)设定南县,信丰知县陈澜转任定南县首任知县。陈澜于莲塘城上任,开署庆典,邀下历堡砂头瑶前村民张细贵(1522年生,殁未详)组织舞狮队12人前往庆贺。其时,县署、学署、文庙、武庙、城隍庙、万寿宫均搭台献艺表演,游人如织,锣鼓喧天。张细贵等人一连三天,在莲塘城舞狮巡演,观者涌动,嘉宾盛赞,成为轰动赣粤边陲的一件大事,传之盛广。有歌贺曰:"二条瑞狮闹洋洋,贺喜莲塘好地方。前有狮象把水口,后有九龙作屋场。左边挂起金狮子,右边挂起金凤凰。文官出了百千个,武将出了十千双。瑞狮坐镇四时乐,福德无量更吉祥。自从今日来狮后,莲城富贵万年长。"为此,知县陈澜以县府名义褒奖了张细贵等瑞狮艺人,说:"狮者风骨,其神威武,可乡民教化,堡甲兴旺也。"从此,舞狮之风愈盛,堡堡有舞狮,甲甲有艺人,舞狮活动悄然起于山寨屋场,兴盛于百姓生活之中。定南瑞狮之乡至此传播千万里,名至所归。

为了解久负盛名的定南瑞狮,我们采访了江西省非物质文化遗产项目传承人张经耀老师傅。在历市镇砂头瑶前,已经73岁的张经耀为我们一行人介绍了先祖张细贵对瑞狮传承与发展的精彩故事。张经耀说，先祖张细贵从县署回家后，经过两年多的收集整理，于明隆庆五年（1571年）冬，对定南瑞狮的技艺、形式、内容与特色进行了总结和提升。张经耀说，定南瑞狮"刻木为头丝作尾，金镀眼睛银作齿，周身彩衣随人转，真假狮王堪难分"。狮头上有红结者为雄狮，有绿结者为雌狮，无论雄雌狮均狮头圆大，眼睛灵动，大嘴张合有度，威武雄壮，憨态可掬。为增加瑞狮的舞动效果，以"沙和尚引狮"为主，配"四大引"——唐僧、孙悟空、猪八戒、沙和尚引狮进行表演。由二人舞一狮，有时配一对小狮戏弄大狮，大狮弄儿为乐，活泼可爱，尽显天伦之乐。此后，凡春节、元宵、庙会、节庆等活动中都是这种式样的表演，流行于乡间及周边乡村。

明万历八年（1580年）定南第8任知县刘世懋，到定南任知县后拜谒了瑞狮第二代传承人张元潭（1537—1587），勉励张元潭等人要发扬瑞狮的进取精神，将其发扬光大，造福乡里。刘世懋为他们提供了门墩、屋檐、石栏、印章、年画、南北狮像等物件上的舞狮动作与形象造型，供张元潭模仿参考与研究。张元潭潜心研习刘知县提供的图画资料，结合先辈们舞狮的经验与心得，在一年多后，塑造了手持绣球者扮演引狮郎和舞狮者扑、跌、翻、滚、跳、擦等动作形象，来表现其起势、常态、奋起、疑进、抓痒、迎宾、施礼、惊跃、审视、酣睡、出洞、发威、过山、上楼台、采青、入洞等舞狮艺术特征，改进了"进门狮""鸳鸯狮""吐珠狮"三大仪式的表演技巧，使定南瑞狮表演达到了较高的艺术造诣。

当瑞狮师傅来到主人家、屋场或舞狮场所，锣、鼓、钹响起时，瑞狮开始表演"进门狮"。主带狮的打锣师傅会高呼吉祥语，曰："瑞狮飞跃贵府门，锣鼓喧天诚心迎。今有金狮来报喜，左腾屋柱右腾梁。瑞狮舞出安乐第，一年四季自吉祥。中堂自入瑞狮后，人兴财旺绵绵长。"此时，客狮登门，主狮上门迎接，宾主相会，点头作揖施礼，两狮相会，称为"会门狮"。瑞狮在锣、鼓、钹和鞭炮声中进入大厅，表演"吐球狮"。客狮来到祖先灵位前，打锣师傅又呼曰："金狮下界喜盈盈，特向贵人来祝福。福如东海长流水，儿孙满堂家业兴。上栋堂屋如五岳，下栋厢房翠花梁。房前屋后吉祥地，田中拾得万担粮。上上下下都拜上，德高望重天下扬。"之后，主人便十分高兴地为客狮头部上红（红布三尺六寸，红包一个）回礼，以示吉祥。经过此次对瑞狮的改进和提升，其喜庆、吉祥、美好、如意的形象更受乡民热爱。

时光如梭，岁月转换。转眼 300 多年又过去了。清光绪十五年（1889 年），瑞狮第三代传人武秀才张赞香（1862—1951）对瑞狮技艺的追求使其进行了一次大胆的探索与完善，他吸取南狮与北狮的精华，博采众长，承上启下，将瑞狮造诣推上了一个新高度，赋予了瑞狮新的生命，使其更加威武、诙谐、吉祥，更加丰富、优美、传神。

张赞香经过精心研习总结出了瑞狮"喜、怒、醉、醒、动、静、乐、猛、惊、疑、寻、盼、探、烦、嬉、戏"的"十六字"动作要领法以及"轻、重、快、慢、急、缓、停"的"七字"锣鼓钹法。"十六字法"与"七字法"使定南瑞狮在表演中的动作形态更加惟妙惟肖，气势更加恢宏壮观。观者不但能欣赏到瑞狮高超精湛的技艺表演，而且能悟到瑞狮在表演中的思维。舞狮表演拟人化，赋予了人的生命与精神境界，能让观者在惊奇、欢乐、陶醉中得到感悟与启迪，思想得到升华与洗礼。定南瑞狮受到了广大客家乡亲的欢迎，足迹遍布于众多的客家山寨和村庄，它舞出了山寨人的欢喜与愿景，舞出了庄稼汉的自信与希望。

（三）风雨曙光

民国二十一年（1932年），张赞香已70岁，他把瑞狮传承发展的重担交给了儿子张康承。张康承（1880—1959）正式接任瑞狮第四代传承人的位置后，不负重托，苦心钻研，对已有1700多年发展历程的瑞狮，在前人的基础上进行了提炼，提出了瑞狮"四大类"的表演形式与"七项规矩"的思想内涵，使瑞狮表演更加通俗化、规范化，且日趋完善与成熟，成为客家文化一朵璀璨的奇葩。凡有喜庆之事，客家人必请瑞狮前去祝贺，瑞狮完全融入了客家人的日常生活之中，足迹遍布定南及周边县乡的山山水水。

客家长河醉人芬芳，瑞狮精神绽放光芒。在千百年的跋涉与积淀中，客家人以独特的智慧创造了瑞狮这一永恒的精神家园，塑造了"自信、坚定、睿智、果断"的瑞狮精神，为星汉灿烂的客家文化书写出了一个又一个传奇佳话。

弹指一挥间，17年转眼过去了。张康承师傅与定南人民一道迎来了新中国的诞生。新中国的曙光照亮了瑞狮之乡定南的千山万水，翻身得解放的客家儿女犹如沐浴着春风，把对党、对祖国的感情化作吉祥的瑞狮来歌唱，唱响了一首首欢乐的建设之歌。

据《定南县志》记载：1949年8月21日，定南解放。9月1日定南解放部队粤赣湘边纵队东江第二支队六团、三南武工队、解放军第四野战军四十八军一四三师四二七团各部队官兵与定南群众3000多人，在定南县城举行会师晚会，砂头、金鸡两村瑞狮队30余人为解放定南会师部队官兵进行了隆重的表演，他们表演的《瑞狮心向解放军》，以精湛的技艺，赢得了部队官兵的阵阵喝彩。

10月，为庆祝"二五减租""月利减半"活动取得成功以及县政府召开第一次农民代表大会，76个乡农协均派瑞狮表演，开展了百头金狮庆解放、农民翻身当主人的盛大舞狮庆贺活动，精彩绝伦、扣人心弦的表演轰动全县，振奋了全县人民对建设新社会的信心，在全县一时传为佳话。

之后为建设新家园，鼓舞人心，瑞狮陆续参加了许多的庆祝表演，以其美丽的英姿献上了一份份最珍贵的祝福。

（四）涅槃新生

新中国第二个五年计划伊始，1958年3月张康承因年龄已大和身体不适，把瑞狮第五代传承人的重担交给了34岁的张经高（1924—2002）。张经高因在赣南采茶歌舞团工作的有利条件，结合赣南采茶歌舞的艺术特点，对瑞狮进行了继承、发展、创新、提高，把舞蹈动作、武术动作、杂技表演、赣南地方戏等有关元素融入了瑞狮的表演中，根据狮子在山、岭、岩、谷、溪、涧、水、桥、洞等地方的生活状态，创作出了"双狮戏球""狮子上金山""狮子拜寿""刀尖狮技""狮游梅花桩""狮子过天桥""金狮雄风""狮子迎春""狮乡之夜""百狮啸林"等舞狮节目，让定南瑞狮"高、难、惊、险、奇、美、诙、喜"的生动形象得到了淋漓尽致的表现，使瑞狮成了定南的符号，成了赣南客家文化的标记和象征。

人生七十古来稀，71岁的张经高到1995年已是悬车之年。张经高把第六代瑞狮传承人的位置交给了张经耀（1947年出生）。张经耀接手瑞狮传承人的位置后，恰逢文化工作发展的初春，从2011年10月18日中央出台《推动社会主义文化大发展大繁荣若干重大问题的决定》，到习近平总书记《坚定文化自信，建设社会主义文化强国》一系列重要论述,都把文化传承发展摆在了国家战略的重要位置。定南迎来了文化发展的春天,瑞狮也走进了繁荣发展的岁月。

县委、县政府对瑞狮工作的开展高度重视,成立了以县委办、县政府办、县人大办、县政协办、宣传、文化、教育、财政、广电、公安、城管、国土、乡镇、街道等部门为成员单位的定南瑞狮传承发展领导小组,在县文化局设立办公室,由时任县文化局局长的谢瑞山兼任办公室主任,实施了一系列有力措施,逐步使定南瑞狮走上了一条良性发展之路,让定南瑞狮这一古老的客家文化重焕生机,蓬勃发展。

2015 年,定南瑞狮被评为江西省非物质文化遗产项目,如今瑞狮再次涅槃新生,正冲刺申报国家级非遗项目,迎来了它的腾飞与辉煌。近几年县财政拨款 300 多万元开展中小学校瑞狮的传授与训练,重点培养了 10 多个瑞狮传承村,扶持了 20 多个民间业余瑞狮队,县职业中专被评为瑞狮传承基地,瑞狮的传承发展有了明显的效果。定南瑞狮参加各项活动 100 多场次,获得了社会各界的一致好评,知名度广为传播,声誉度进一步提升,奏响了一曲曲"锣鼓响瑞狮舞吉祥,人欢笑金狮迎盛世"的动人赞歌。

在世界客属第十九届恳亲大会、赣州市新农村文化建设首届农民艺术节、"中国红歌会"大型演唱会、第四届中国赣州国际脐橙节、赣州市文化惠民周开幕式、定南县首届残疾人运动会、江西省第十二届百县青少年田径运动会、江西省第五届百县青少年足球运动会等重大活动上都进行了隆重的瑞狮献艺表演,定南瑞狮获得了极高的评价,受到了热烈的欢迎,更加享誉全国,走上了历史的巅峰。瑞狮为定南唱响了前进的赞歌,为赣州画出了客家儿女最大的同心圆,为江西绘出了新时代的最美蓝图。

（五）进京献礼

泱泱华夏，文明之光灿若星辰，客家史诗千峰竞秀，瑞狮就像一颗耀眼的珍珠，令世人神往。

2019年10月1日中华人民共和国70周年华诞庆典大会在北京天安门如期举行，定南瑞狮队代表江西省光荣地参加献礼表演，获得圆满成功，得到了国家领导人和有关部门的高度赞扬，得到了亿万观众的深情赞美。在这激动难忘的时刻，定南儿女为瑞狮队出色完成这一光荣的使命而自豪，为他们顽强拼搏的精神而感动，北京与定南心连心，点燃了欢喜若狂的不夜天。

"一举成名天下知"，在定南瑞狮天下知的背后，包含着许多默默无闻、甘于奉献、顽强拼搏的精彩故事。在10月中旬，我们怀着钦佩的心情，采访了上京展演队副领队张晓清女士，她为我们分享了瑞狮队员那感人的展演心路和故事。张晓清说：2019年6月4日，我县接到表演任务后，及时成立了瑞狮舞蹈展演工作领导小组，从定南中专、县实验学校、县公安局、县城市建设联合执法大队、街道、镇村等单位抽调人员组建了80人的瑞狮集训队。经过层层考核选拔，36名队员、5名替补队员脱颖而出，2名正副领队，1名工作队员，共计44人组成瑞狮表演队，赴京进行2个多月的集中封闭训练。为确保完成集训任务，定南瑞狮队组建了班委会，成立了临时党支部，制定了《定南瑞狮传习班训练安排》《定南瑞狮传习班体能训练计划》和学习、考勤、内务管理等制度，严格执行制度，不断增强大家的集体荣誉感和使命感，为出色完成展演任务奠定了坚实的思想基础。

10月1日晚8时，天安门广场人山人海，欢乐涌动，活力四射，聚焦着世界的目光。伴随着一首激昂的《红旗飘飘》响起,18 头定南九色瑞狮闪亮登场,在天安门金水桥前尽情起舞,纵情放歌。每排 6 头瑞狮腾空而起,向着天安门城楼高唱《大中国》,舞动的瑞狮频频致敬,这一特写镜头通过央视直播迅速成为数十亿观众"霸屏"的图像。联欢活动结束后,定南瑞狮表演队领队、县人民政府副县长李小勇心潮澎湃、激动万分地说:"定南瑞狮作为全国唯一省级非遗项目选调进京献礼国庆,这是我们赣南客家儿女的一件大喜事、大好事,也是我们江西省的骄傲与自豪。"远在定南的省非遗项目传承人张经耀老人也高兴万分,心情难以溢表,他说:"定南瑞狮能进京表演,这是我一生不敢想象的夙愿,如今实现了,会载入史册。我相信定南瑞狮一定会后继有人,再创辉煌,走向全国,登上国际舞台。"

(六)走向辉煌

"潮平两岸阔,风正一帆悬。"为把瑞狮精神迸发出来的强大能量及时转化为定南人民干事创业的激情,副领队张晓清与瑞狮队员回到家乡后,第一时间把来自北京的声音、来自党中央的声音传递给基层群众。他们走进学校、街道等第二批主题教育单位,深入开展了"街巷院子荟"的宣讲活动,鲜活浅显的道理与看得见摸得着的成效让老百姓深受鼓舞,得到了他们真心诚意的欢迎与夸赞。在 2019 年 12 月 27 日晚中央文明办发布的 12 月份"中国好人榜"中,名单里有坚持不懈"舞瑞狮献礼国家庆典,守初心传承文化遗产"的瑞狮队员黄爽秋、张勇、刘燕辉、何晓峰、张荣科 5 人,他们获得此殊荣。瑞狮队员以崭新的精神面貌,负重前行,在平凡的岗位上再唱响奋斗者之歌。

　　"雄关漫道真如铁,而今迈步从头越。"2020年春节前夕,定南瑞狮队在县文化馆馆长龙翠峰的带领下应邀参加了云南安宁市"中信乐石杯"全国民族民间龙狮争霸赛,获金狮奖。定南瑞狮队还参加了中央苏区振兴发展论坛暨北京赣州企业商会2020年年会、赣州市第五届文化惠民周展演、省委春节团拜会等大型活动,让定南瑞狮更加蜚声海内外,在新征程的路上书写着定南儿女的新篇章。

　　如今,定南城乡、村寨处处呈现出一派富美安康、和谐欢乐的景象,古老吉祥的瑞狮为全县人民送上了最美好的祝福。"巍巍神仙岭,翠绿云台山。九曲河水流,碧波龙神湖。南来北往客,京畿一日还。瑞狮故乡行,美名九州赞。"瑞狮正以其光辉的人文文化,独特悠久的历史脉络,在浩瀚无垠的文明画卷里书写着古老绝唱,书写着新时代更加灿烂的辉煌。

(作者:谢瑞山)

七、定南风俗

定南风俗有吴粤之风。下历、老城、三亨、车步、月子风俗,有似龙南。龙塘、鹅公、镇田、柱石风俗,相近安远。龙头、迳脑风俗,颇同信丰。

(一)生产风俗

1.勤于务农

定南人民素以务农为本,开田辟地,勤劳耕种。因地处丘陵山区,耕地中平川大垅较少。山丘地带,斩棘垒石而开发出的梯田、梯土,比比皆是。水田以种稻为主,旱地多种植薯、芋、豆、粟等作物。日常劳动,人们早出晚归,风雨无阻。农忙时节,村无闲人,地少闲旷。进山远耕者,往往自带薯、芋等物充饥,以山泉溪水止渴。据旧志所载:县人"勤于治生,疏于致富","县内多温厚之家,而少富裕之户","贫民一岁所树,苟无荒歉,仅可足食"。新中国成立后,县人勤劳如旧,生产条件逐步改善,经营其他各业者逐渐增多。改革开放后,县人冲破传统束缚,从单一型经济向农、工、商等各业全面发展,劳动致富成风,富裕之户越来越多。

2.妇女力耕

定南妇女历来勤恳,不辞劳苦。据旧志载:县内"妇女勤纺织","善织葛巾","苎棉衣服皆自为之"。平日,妇女除洗衫熨衣、挑水煮饭等日常家务外,兼做淋施种菜、砍柴割草等家务。农忙时节,妇女多赤脚下田,竭力耕作。多数妇女与男人一样,担负犁田、耙田、挑运等重体力农活。

3.亲邻相助

旧时,每遇春插、夏收夏种、秋收等农事,民间习惯以"亲帮亲、邻帮邻"的方式,互相帮工或换工,一般不计报酬,东道仅供膳食。兴建房屋时,多数雇请本地泥木匠(俗称"泥水师傅"),付给报酬。一般帮工,皆由亲邻承担。为解决钱、粮困难,民间盛行邀会借贷。其中有钱会、谷会,而以谷会居多。按会期分类,有年会、季会、月会。按会友人数分类,有独脚会、众会。按邀会宗旨分类,有牛头会、桥会、路会及娶亲会、长生会(又称"老人会")等。新中国成立后,邀会借贷仅长生会仍在农村延续,其他会种多已消失,然而民间帮工互助之风仍存。

4.封山育林

旧时民间封山育林多有"禁山会",立有乡规民约,遵守甚笃。各地禁止乱砍树木,尤其严禁乱砍水口树、龙头树、伯公树、社官树、棺材树。乱砍伐者,受乡规民约处罚。不少地方禁山会规定:不论谁乱砍龙头山(屋背山)上一棵树,均罚购买爆竹绕山鸣放一圈。至今不少地方的屋背山上树林郁郁葱葱。

农村采摘油茶(俗称"茶梓")时间,分为寒露、霜降两种。各地立有乡规民约,到时村民一般统一进山采摘。主人未采山场,禁止旁人抢先采摘。此风俗至今仍存。

5.修桥铺路

民间历来有自筹资金修桥铺路的传统,常见形式有桥会、路会,写缘乐捐,出力献料等。有些地方规定,每年农历正月初七、初八两天为乡民修路日。个人修桥铺路,一般有积德行善之意,或修补一段道路,或在三岔路口竖立一块指示石碑,或在桥上加捐一块桥板,或在山间崎岖道旁,捐建茶亭,以供过往行人休息。此风俗至今仍存。

(二)生活习俗

1.穿戴

明清时期,除少数官绅穿着长袍马褂外,一般男装多为开襟长衫,宽腰便裤。女装多为齐膝镶边大襟衫,宽腰镶边便裤。童装多为束带袈裟,开裆裤。民国时期,长袍马褂逐渐消失,一般男装改为开胸布纽短衣,俗称"广装"。以后广装逐渐消失,大多穿着全国流行的衣物。

旧时,男人中少数戴铜顶毡帽或礼帽,多数戴布顶瓜皮帽或锁口缕叽帽、棉帽。一般妇女裹黑色绉纱、蒙黑布头帕,少数妇女发间插银质装饰品。儿童多戴绣花帽,逢年过节或赴圩做客改戴银铃绣花帽。现代生活中,少数边远山区的老年妇女仍保持裹黑色绉纱、蒙黑布头帕的习惯,但头帕改为彩色方巾。逢年过节,儿童戴铃帽风俗也逐渐减少。

旧时,男女多着布鞋,一般不穿袜子,远程步行或上山砍柴割草时,多穿草鞋。雨天,少数人穿布帮木底雨鞋(俗称"绞榭"),多数人穿木屐(俗称"拖板")或光脚(俗称"打赤脚")。老年人以土布裹脚或穿自制长袜。随着生活水平的提高,木屐代鞋及裹布代袜的现象消失。

县内素有不重衣着新旧,讲究干净朴素的风气。平时,勤于换洗衣服、鞋袜,成为定南人的一大卫生习惯。

2. 饮食

县内人民素以大米为主食,兼食薯、芋、豆等杂粮,习惯于一日三餐。粮食紧缺时,早、午餐吃大米饭(俗称"食饭"),晚间喝稀饭(俗称"食粥")。

一般家庭,菜肴多以素菜为主。做菜方法有煮、炒、炖、腌、酿等。大多数人喜食辣椒,且喜欢自磨豆腐,尤其爱吃"酿豆腐"。农村素有晒"菜干"、腌制"酸芋荷"的习惯。夏季晒制的"豆叶干"为本县特有,暑天煮汤,清热解毒。

荤菜多用于节日聚餐或宴请客人。主要菜料有猪、牛、鸡、鸭、鹅、狗肉和鱼、蛋等。常用烹制方法有炒、炸、焖、蒸、清炖、红烧等。主要菜名有清炖鸡、酸酒鸭、白斩鸡、炖狗肉、油炸鱼、炒腰花、炒猪肝、炒酸辣猪肠、炒蛋等。多数人嗜好煎炒、酸辣口味,尤以爱吃"酸酒鸭"闻名,"酸酒鸭"也成为定南的一道名菜。制作时,选用仔鸭,弃其肠杂,放入锅内煮至八成熟,取出后细切成片,拌以酸酒、辣椒、姜汁、熟茶油(或芝麻油)。食之肉脆,酸辣可口。春节前,腊晒猪肉、猪肝、猪心、猪舌(俗称"猪利")、猪腰子、香肠、板鸭、牛肉干等,为春节待客下酒之佳肴。鹅公等地还会捕捉山老鼠,晒干腊制,称为"米猪"。宴请客人,习惯用大碗装菜。菜量一般风行"六大碗""十大碗"两种。六大碗常指炒肉片、酸酒鸭、扣肉、猪皮、肉丸、春(蛋)皮。"十大碗"除上述菜名外,一般加清炖鸡、酥肉、酥鱼、油炸鱼。

县内有自蒸糯米酒(俗称"水酒")的习惯。盛酒多用陶瓷碗。农村喜吸草烟,旧时民间习惯以水烟筒或旱烟杆吸烟。以自制粗茶待客。茶点多为自制品,主要有烫皮、炒米、炒果、板花、番豆(花生)、包黍子(玉米花)、番薯干等。现在盛行以茶、香烟待客,除自制茶点外,还以红瓜子、糖果、饼干、柑橘等食品相待。

3. 建房

旧时,民间建房讲究来龙去脉、大门朝向、走水定局等。择地,多为靠山傍水之处,最兴坐北朝南或坐西朝东方向。择邻,习惯与同姓、同房族聚居。择时,听信地理先生"拣日子"。姓族建造祠堂,一般为三进式格局。姓族聚居的屋场,有的环以围墙,建筑"炮台"(碉堡),称之为"围"。有方围、圆围两种。私人建房格式,一字形平列式的房屋有"四扇三间""四扇五间"两种,二进式房屋主要有"上三下三""上五下五""上七下七"三种。建房程序为开基、起脚、升门、出水、进火等。迁入新居,从旧居带入火种,以示不断香火。亲友送礼庆贺,房主设席款待。厅房(俗称"厅下")摆设,一般有方台、长凳等家具。富裕之户,加有神台、八卦钟等物。

4. 行旅

旧时,外出远门办事,除少数官绅坐轿、骑马外,多为步行。行装物件,全靠手提肩挑。日常外出,男人一般携带缩口布袋,妇女多挑圆形箩筐。男人远出,常用一块四方土布将所带衣物捆扎成包袱,肩负行走。行李较重者,常以竹篾、树藤等物编织挑筐,自行挑运或由亲属相送。少数雇请挑夫。遮日避雨,多数戴斗笠(俗称"笠麻"),雨大时或穿蓑衣,少数撑用油纸制作的雨伞。

(三)礼仪习俗

1. 婚嫁

旧时,男婚女嫁不能自主,取决于父母之命、媒妁之言。以前婚嫁注重礼仪,一般须经发口谕、传庚、小聘、报日、大聘、迎亲、拜堂等程序,讲求聘金、彩礼、嫁妆。男方多以布匹、鱼肉、稻谷、衣物等作为聘礼。女方备办嫁妆,常有"满堂红""七事件""两笼一柜"等名目。婚期到时,男方抬花轿,扛挑鱼、肉、酒、米等物到女家,迎娶新娘。男女双方都须摆宴请客。新婚之夜,亲朋好友聚于洞房,以逗新郎新娘为乐,称为"闹房"。新婚第三日,女家迎接新娘回家,俗称"接三朝"。婚后第一个春节,夫妻回拜娘家,称为"转门"。现在,不少习俗不再使用,但有些习俗至今仍有,比如女方第一次到男方家,叫"查人家";双方确定关系,要宴请双方亲朋好友,叫"会亲酒",即认识双方的亲戚;婚前婚后,在每年的中秋、春节,都要给女方家送礼,叫"睄节"。

2. 生育

旧时,生育处于无序状态。民间崇尚"早生贵子""多子多福"。小孩子出生三天后,习惯为其洗浴,俗称"洗三朝";十天后,小孩子父亲备礼物报谢岳父母,俗称"报姜酒"。随后,岳父母和其他亲友备礼探望小孩,俗称"送姜酒"。一个月时,设宴请客,俗称"做满月"。新中国成立后,推行计划生育,改变了生育无序状态;男女平等,保护妇女、儿童权益,杜绝溺婴现象。现在,"送姜酒""做满月"等习俗仍存。

3. 寿庆

男年满 60 岁、女年满 61 岁的老人为"上寿"。一般由女儿告知亲友,以衣服、鞋、帽、鸡、蛋等物为贺礼祝寿,俗称"做生日"。寿者配偶健在时,寿礼要求成双。富有人家举行祝寿仪式,祭祖朝拜,并设宴款待贺寿亲友。为男年满 80 岁、女年满 81 岁的老人祝寿,俗称"做大生日",贺礼更厚。此风俗至今仍存。

4.丧葬

旧时,丧葬礼仪烦琐。一般程序有送终、报丧、入殓、做功课、出殡、落土、做地、圆坟等。死者子孙后辈,披麻戴孝。出殡时,一般以龙狮、锣鼓、爆竹相送。各地殡葬形式均以木棺土葬。葬后第二年才能扫墓(俗称"洒新地")。立坟三年后始可"捡金"(拾骨骸入瓮)、"做地"(即第二次葬,也叫做风水)。墓葬迷信形家之言,由地理先生拣日子、选风水。如今,丧葬改革很大,以火葬为主,礼仪渐趋简便。

5.日常礼仪

定南人民尚礼好客。平日,熟人相见,一般都打招呼。对长辈则带称谓:年纪超过父母者称之为"大伯""大娘",年纪小于父母者称之为"阿叔""阿娓"(婶)。对年纪与己相仿者称之为"阿哥""大嫂""阿姐",对年纪小于自己者一般称之为"老弟""老妹"。家中来客,热情招呼"请进""请坐",并起身让座,敬以茶、烟、茶点,甚至留于家中吃饭,煎蛋冲酒招待。宴请客人时,婚嫁兴先发请帖,后送贺礼;寿诞兴先贺后请。做客入席,礼让首席,并有定规。客人离席,主人招呼"慢行""好走",客人回答"多谢""对唔住"。亲友间礼尚往来,每逢喜庆相互道贺;邻里间和睦相处,常以"上屋过来下屋客"的习俗相待,遇事互相帮助。

(四)时令节日

1.春节

农历正月初一,俗称"年初一"。零时或天亮之前,燃放爆竹,带有送旧迎新之意,分别称为"迎春爆""天光爆"。早餐,多数家庭吃素,俗称"食斋"。这日,不挑水,不扫地,忌说不吉利的话。男女老少聚集家中,不兴外出。农历正月初二,开始出门拜年,喝茶饮酒。遇见熟人,拱手互道"恭喜发财""新年大吉"之类的贺喜话。农历正月初三,俗称"富贵日"。各家男人早起,从外向里打扫爆竹纸屑,称为"扫富贵"。这一日一般不与亲友来往。如今,初一吃素、初三不出门的习俗逐渐淡化。

2. 元宵节

农历正月十五为元宵节。民间,舞龙狮彩灯,燃放爆竹、烟花,观者接踵,通宵达旦。近来,也开始时兴猜灯谜。

3. 清明节

清明之日,各户以鸡、酒、香烛、纸钱等祭品,鸣爆竹祭扫亲人坟墓,俗称"蘸地"或"洒地"。姓族以公堂田收入,备办祭品,祭扫祖坟,设席吃喝,俗称"祭祖"。如今,机关单位祭扫烈士陵园,缅怀先烈。

4. 立夏节

每逢立夏之日,定南多有吃鸡蛋、做"艾粄"(米果)的习俗。民间传说"立夏不吃春(蛋),冻得索索忒","立夏不吃粄(米果),颈根吊颈板"。这种习俗,至今仍存。

5. 端午节

农历五月初五为端午节。农户多于房门悬挂菖蒲叶、艾条,以表驱邪避灾之愿;沿房前屋后喷洒雄黄酒,以防虫蛇。多数家庭以粽竹叶片包裹糯米煮食,本地人称为"做果粽",缅怀屈原。小孩子佩戴各式香包,吹竹木喇叭。中午,全家聚餐,俗称"食端午昼"。

午后,男人喜欢下河洗澡,妇女则习惯于此时洗头。节前、节后数日,街市买卖各种草药,而以端午日或端午前之圩日最为热闹。现在,小孩佩戴香包之风渐无,其他习俗仍存。

6. 七月半

农历七月十五,俗称"七月半",又称"鬼节"。各户筹办酒肉,尤好杀鸭,全家聚餐。傍晚,焚烧纸包、纸衣等用品,追祭先人。现在多数家庭保持杀鸭聚餐习俗,焚烧纸质用品的现象逐渐减少。

7. 中秋节

农历八月十五为中秋节。亲友互送月饼、切糕等礼品。当晚各家欢聚,吃团圆饭,故又称中秋节为"团圆节"。晚饭后,合家赏月,吃月饼、柚子、花生等。旧时,民间曾有焚香烛、供月神等活动,现在此类活动已无踪迹。

8. 重阳节

农历九月初九为重阳节,俗称"登高节"。旧时,民间于这日有登高避难之习俗。登高者多为士绅、文人和学生。现在,重阳节亦为"敬老节",孝敬老人、慰问老人为如今风俗,但登高这一习俗仍存。

9. 过小年

农历十二月二十四,各户打扫屋宇,清洗家具,筹备年料,亲友互送年礼,俗称"入年迳"。当晚,略备荤菜,全家聚餐,谓之"过小年"。有些地方,有"祭灶神"的风俗。现在除了"祭灶神"以外,其他风俗仍存。

10. 过年

农历十二月三十(小月二十九),俗称"过年"。家家户户杀鸡备菜,张贴对联(春联)、门签、年画,烧香鸣爆竹,祭祖敬神。晚间,全家团聚,吃年夜饭。然后,换穿新衣,家长给子女压岁钱。晚间,所有房间均点灯到天亮,俗称"号年光"。半夜,多按"通书"(历书)测定新年财神方位、出行时刻,燃放爆竹,俗称"迎财神",也表送旧迎新之意。全家聚集,直到半夜后才休息,俗称"守岁"。现在,看"春晚"为风气,"号年光"之风渐无。

(摘自《定南县志》)

八、客家热闹端午节

家乡定南县地处江西省南部边陲,东江源头,居民均为客家人,是个典型的客家山区县。和周边县相比,定南建县历史不长,明朝隆庆三年(1569年)割信丰、龙南、安远七堡建县,隶属赣州府。这里山高林密,植被茂盛,气候温暖,但也蛇虫众多,湿气重。客家儿女在中原战乱之时,南迁于此,披荆斩棘,繁衍生息,与当地文化相结合,形成了独特的文化习俗。

农历五月初五为端午节,农户多于房门悬挂菖蒲叶、艾条,以表驱邪避灾之愿;沿房前屋后喷洒雄黄酒,以防虫蛇。多数家庭以粽竹叶片包裹糯米煮食,本地人称为"做果粽"。用烧制的木草灰过滤成的碱水浸泡糯米,所以又叫"碱水粽"。以前多为素粽子,现在生活水平高了,大家喜欢按自己的口味包上各种馅料。端午节前,还时兴划龙舟,是很壮观的。这些风俗,应该全国一样的,包粽子和划龙舟都是为了缅怀屈原。

家乡也有独特的端午节习俗。最独特的是端午节前一天(农历五月初四),民众都喜欢赶集(这里叫赴端午节墟),可以和春节前的赶集(赴年墟)相比,物品丰富,水果很多,卖中草药的也不少。大人带着孩子,一家老少一起赶集,买新衣服(主要是夏天穿的衣服。当地也有叫"看船衫"的说法,即在看龙舟赛时,要穿新衣服)、吃水果(主要是李子和桃子)。

这一天,大人还会给孩子买一样特别的玩具——小喇叭(长约20厘米,木头做的喇叭口直径约3~4厘米)。于是满街都是"呜呜哇哇"的喇叭声,孩子们吹得快活,大人们也有买来玩的,也是乐此不疲。小喇叭前端用木头挖成喇叭状,后端则用小竹筒,竹筒的一端用簧片做成发声器,再插在喇叭上就可以了。木喇叭也会涂上一点红色、黄色、绿色,以示喜庆。如果没钱买,就直接用小竹筒做(一头削尖,再用竹叶夹在里面就能吹响),不用喇叭头了。自己动手做的,吹起来也许有更多的快乐。集市散了以后,在街上、在乡村,一样可以听到"呜呜哇哇"的喇叭声,很是热闹。由于只是玩具,自然是吹不成曲调的。

这吹喇叭的习俗,很是奇特,周边县市都没有。这习俗最早是从什么时候开始的,现在已不可考。这吹喇叭的习俗有什么依据,我问了不少人,也查找了一些资料,均语焉不详。大致是说端午节不适宜放鞭炮,于是就通过吹喇叭发出声音,来驱赶妖魔鬼怪,祈祷当年能有好收成。还有一说是因为端午节后容易出现暴雨天气,而定南山高坡陡,处在长江支流赣江水系与东江水系的发源地,小河、小溪流众多,夏天易暴发山洪。传说洪水中有水鬼,如果被水鬼拉入水中,那就会溺水而死;而水鬼怕喇叭声,所以吹这种小喇叭,可以把水鬼赶走,保佑人们游泳、过河或过桥时平安无事。

端午节这天,和其他节日不同,一般都是中午聚餐。下午男人下河游泳洗澡,据说如果不去,则可能会肚子疼。女人们用当地的中草药煮水洗头。这些中草药,可以是自己种的(比如艾条),也可以上山采取,还可以在街上采购。洗澡和洗头,都是洗去污秽,祛除湿气,有祈求当年风调雨顺、全家健康平安之意。这天,还有给孩子戴各色香包的风俗,这香包一般都是自己缝制的,里面装有中草药,有驱赶蚊虫的作用。

据年长者介绍,当地民众是把端午节当成春节来过的,于是端午节也就成了上半年最热闹的节日。人们穿新衣,吃粽子,看龙舟,吹喇叭。端午节正是早稻插秧结束的时候,这段时间相对空闲,天气渐渐炎热,蚊虫开始滋生,湿热之气也开始滋长,需要打打牙祭(补充营养),休整一下。这时候各种娱乐活动应运而生,各种驱赶蚊虫、祛风除湿的中草药正好登场亮相。

客家山区的端午,人们穿着新衣服,孩子们吹着小喇叭,或下河游泳,或沐浴洗头。空气中弥漫着粽子香、草药香,耳边传来阵阵喇叭声,还有人们的打闹声、欢笑声。远处,还隐约飘来客家山歌声,这歌声在青山绿水间飘得很远……

哟喂——

老妹(就)送俺花手巾(啰),(阿妹送我花毛巾)

日里洗面(就)夜洗身(唻)。(白天洗脸晚洗身)

手巾肚里(就)七只字(啰),(毛巾里面七个字)

海枯石烂(就)莫变心(啰),(海枯石烂不变心)

哟喂——

(作者:廖晓梅)

九、客家婚俗拾趣

这是一个古老而又耳熟能详的故事。

那年七月初,荷花多娇,稻谷飘香,古老的虎形围沉浸在喜庆之中。

良辰吉日,李大年家的迎亲队伍抬着花轿吹吹打打到方明辉家迎接新娘。

客家人的迎亲花轿很有讲究。男方主持婚礼的"礼生"(司仪)绞尽脑汁拟出一副迎亲轿联的上联,上联随花轿送到女方家后,再由女方家的理事写出下联,用红纸贴在花轿上。传说很久以前,有位先生拟出这样一副轿联的上联"日明月明日月明",女方家的理事写出了下联"子好女好子女好"。这副妙联不知出自哪两位先生之手?

客家人婚庆"对轿联"是检验女方家族知识水平的一面镜子,有的先生深知自己肚子里墨水太少,怕出丑,便事先暗暗派人到男方家探听轿联的上联和下联;有的召集本族众多"文人"研讨下联;有的先生绞尽脑汁也无法想出下联,只好屈尊到别村请教先生。

清晨,东方才露鱼肚白,方明辉家里传来一阵阵哀怨的哭泣声,凄凄切切的哭嫁声,似寒风,如流云,传遍山寨。这是客家女特殊的风俗——哭嫁。分明是欣喜万分的待嫁,却要号哭做新娘。

新娘招娣的阵阵哭泣,似唱似哭,一唱三叹,令人为之动容,哭娘哭嫂哭姐妹,情意绵绵泪花流。

客家女哭嫁,内容丰富多彩,无固定歌词,无规定要求,旨在诉说父母恩、姐妹情。哭泣时间有长有短,似哭非哭,似唱非唱,如泣

定南客家婚嫁习俗(《郎才女貌　百年好合》)

如诉,真情流露。但也有个别心肠硬的妹子,出嫁时不哭一声,不掉一滴泪,父母便把她打哭,不哭不孝,让人嘲笑,成亲后会被婆家瞧不起。会哭的新娘还能得到许多亲友的红包,俗称上轿钱。新娘哭嫁时,脖子上挂着一个装红包的红布袋,新娘离开娘家前,牵新娘的长辈接过亲戚朋友递上来的红包,向送嫁的乡亲们大声报出每位亲朋递上来的红包金额后,再装进新娘的红布袋里。红包又大又厚的是新娘的舅舅,看热闹的人会喊捉舅舅的"大红鲤"了,舅舅真大方,真舍得!有的舅舅家庭贫困,拿不出更多的红包钱,新娘的母亲便事先悄悄垫钱让娘家亲兄弟在众人面前争面光。喝水要记得水源头,天上的雷公,地下的舅公,娶亲嫁女,舅舅的贺礼最重,要把舅舅安排在祖厅宴席上坐首席。

坐首席也有规矩。婚礼上,舅舅坐首席有时也难倒司仪人员。比如,老舅舅和新郎亲舅舅都上门做客喝喜酒。老舅舅说,竹子有上下节，食水要记得水源头。我是老舅公，当然要坐首席。新郎亲舅舅反驳说，尊老没错，但一代亲二代表，上一代你老已坐过首席，这次是我的同胞姐妹儿子办喜事，当然是我坐首席。公说公有理，婆说婆有理，首席座位定不了谁坐，酒席无法开席，喜事闹得不开心。有的老舅公通情达理，不参加婚礼，只派老婆、孩子去参加婚礼，按客家人的风俗，女人辈分再高也没资格坐首席。有的老舅舅来了，主动退到侧厅里坐，避免了争首席的尴尬。如果老舅舅不自觉非要坐到大厅里，下一辈的舅舅坐在首席上如蚂蚁咬身，浑身不自在。老舅舅还会在酒席上含沙射影地说："老竹没有上下节，老牛粪不肥了！"

　　现在回过头来继续说上轿钱的事，亲朋好友送给新娘的上轿钱，家境好的，象征性地留一点给娘家，意为留财留义，百分之九十都让女儿带走。家境贫困的父母会截留大部分上轿钱，象征性地给一点让女儿带走。上轿钱，意为留财留义，细水长流。还有一种解释，上轿钱，留得再多，日后也是给女儿的孩子做满月时添置衣服鞋帽。不是父母贪财，而是为女儿打算。

　　山村的早晨，太阳满脸潮红，像含羞的新娘，朝霞灿烂多彩，如新娘的衣裳，遮盖着红盖头哭哭啼啼的招娣被一位儿女双全的长辈牵上花轿。

　　按照客家人的风俗，新娘出嫁时出娘家门进婆家屋，不是新郎牵新娘，而是请选定的长辈牵新娘。新娘出嫁，由两位年长的夫妻牵新娘上轿。新娘到达婆家门前，也是请两位年长的夫妻牵新娘进祖厅拜堂。男女双方家里牵新娘的人选十分讲究，在本家族中优中选优，其条件是必须夫妻健康，没有再婚，有子有女，家庭和睦，口碑好，生活水平在本村居中游以上。当然，富贵双全、财丁兴旺便是首选。贵人牵新娘可沾贵人的福气,大吉大利,大富大贵,白头偕老,子孙满堂。

牵招娣出门上花轿的是三叔公夫妇,老人家德高望重,子孙满堂。

噼里啪啦的爆竹声和悠扬悦耳的唢呐声,把招娣送上了去新郎家的山村小路。放爆竹送新娘出大门,有的地方也有讲究,爆竹不能放出祖厅大门外,意为不能带走娘家家族的财,留财留义。有时,有的后生不小心把爆竹放出了大门外,长辈会大声吆喝:"蠢崽,快往大门内放,留财留财!"

送嫁的队伍很快就到了李大年家门口。

李大年的家在四角围,大门两边和门楣上张贴着鲜红的对联,鲜艳夺目。客人来往穿梭,热热闹闹,满屋菜香酒香,处处洋溢着婚庆的喜气,真是天喜地喜处处喜,男女老少喜洋洋。

贴在四角围大门上的对联是:

幸有佳期迎淑女

愧无旨酒谢隆情

婚庆正值荷花飘香的季节,贴在洞房门口的对联是:

并蒂花开莲房多子

同心缕结竹簟生孙

四角围的男男女女忙着杀鸡宰鸭备酒宴,孩子们欢奔乱跳放鞭炮,唢呐声,鞭炮声,"地墩"礼炮声,响彻山村。李大年人缘好,来的人也多。大家说,人情好,喝水也甜。

客家人办宴席要十大碗或十二碗,十大碗喻为十全十美,十全大吉,十二碗喻为一年十二个月,"一年锦"。李大年和招娣的婚宴是十大碗,即酸酒鸭、清蒸河鱼、白斩鸡、猪脚煲香菇、煎鱼饼、锤鱼、扣肉、酸辣猪肠、杂锦菜(萝卜丝、冬笋丝、鱿鱼丝、虾米混合)、冬笋炒酸菜。

十大碗的烹饪手艺和味道不一一赘述,但有两道菜是九曲河畔的农家特色菜,舌尖上的美味,使游子乡愁难忘,令人回味无穷。

(一)酸酒鸭

选材:放养的麻鸭或"泥鸭"(又称番鸭)一只,鸭龄五个月左右,肥瘦适中,不老不嫩。

作料:红尖椒、青椒、蒜蓉、生姜切碎,加入适量的食盐、米酸(又称酒娘酸,是用大米酿制的,与山西老陈醋媲美,但有另一种风味)调配成酸辣汤汁。

烹调方法:鸭子拔毛洗净后,蒸熟切成小块装盘,蘸酸辣汤汁吃。蒸鸭子时不能时间太长,蒸烂了没筋道,把蒸鸭汁浇在鸭肉上更爽滑有味。

吃酸酒鸭下酒又下饭,酸辣刺激,胃口大涨,让人精神焕发!

(二)清蒸河鱼

选材:九曲河鱼(鲤鱼、草鱼均可)一条,一斤上下。

作料:姜丝、蒜蓉(捣碎)、客家米酒、树葛粉、味精混合调成汁(喜辣者可放少量辣椒和胡椒粉),葱花、茶油暂不加进汁之中。

烹调方法:将河鱼洗净去内脏和鱼鳞后切成交叉的刀花,保持整条鱼完整美观;将作料淋在鱼身上,20分钟后,放入已把水烧开的锅里蒸10分钟左右,蒸至鱼眼珠突起即可,蒸太久肉不鲜嫩。鱼起锅后撒上葱花,然后用爆熟的茶油浇在鱼身上即可食用。

作料各司其职,缺一不可。米酒和姜去鱼腥。辣椒、蒜蓉、味精调味。树葛粉缩水固味,保持鱼肉鲜味。茶油芳香扑鼻。葱花调色增味。

一条有刀花的清蒸九曲河红鲤鱼,撒上青葱花更加色彩斑斓,色香味俱全。

大块吃肉,大碗喝酒。客家酒娘,黄灿灿的颜色,迷人的馨香,甜甜的醇味,芳香扑鼻,多诱人哟! 一碗热酒下肚,让人满脸的红晕,一身的酒香。啧啧,好酒好酒,干了! 满上满上,再来一碗! 划拳声声,笑声朗朗。喝醉了的汉子醉眼蒙眬地说:"没醉没醉,再来一碗。"没喝醉的人大手一挥:"醉了醉了,不能再喝了,来年再喝大年儿子的满月酒。"

放排汉阿福接过话茬说:"对对对! 喝满月酒,早生贵子。"他边说边拍着李大年的肩膀说"大年,莫偷懒哟,抓紧播种",并乘兴唱起了客家山歌:

新郎新娘新洞房,

新婚新夜新花样。

生男生女生状元,

生财生福生吉祥。

同桌喝喜酒的人听完山歌后,不约而同地大声吆喝道:"生生生! 越生越多,子子孙孙比四角围门前的莲子还要多哟!"

客家人办喜事,客家唢呐必不可少,欢快悠扬动听的唢呐声如春风徐徐吹过,似山泉石涧流淌,如画眉枝头歌唱……

婚礼最热闹的场面是晚上闹洞房,人靠衣裳马靠鞍,招娣经过梳妆打扮,在大红烛光的映照下,更加光鲜水灵,光彩照人。乡亲们一阵惊喜,我的天啊,真是天仙! 李大年这家伙真有艳福。

招娣穿一身色彩鲜艳的大红衣裳,领口、袖口、裤边都镶着滚花锦边,这套新娘礼服是李大年放排下广东在老隆街精心选购的。结婚的项链、手镯、戒指、耳环,应有尽有,一样不少。招娣满脸羞赧,低着头,双手抚弄着辫梢,羞答答的像一朵半开的映山红。

闹洞房的领头人是排帮的阿福,他带头唱起了甜蜜撩人的客家情歌:

翻开你的红盖头,

新郎抱你上床头。

新郎新娘暖被窝,

生出伢子一大窝。

早生贵子进学堂,

长大变成状元郎。

客人接着唱:

天上月儿亮又圆,

排哥招娣结良缘。

今夜怀上双胞崽,

来年中得双状元。

有人提议,让新郎唱一首山歌。

李大年满面红光,无比兴奋,即兴唱道:

招娣妹子放排郎,

有情有意结成双。

薄酒淡茶表心意,

感谢大家来捧场。

说完,他深深地向众人鞠了一躬。

锣鼓咚咚,唢呐声声,欢歌笑语,一浪高过一浪,把洞房顶都快掀翻了。闹洞房的乡亲越来越多,人们潮水般涌进洞房,洞房内犹如一锅热粥。后生们使劲把新郎推向新娘,你推我拽,新郎新娘紧紧地贴在一起。

闹洞房闹洞房,就是图个热热闹闹,这是客家人祖传下来的风俗。闹洞房的人越多,就说明新郎在村里人缘好,很有面子。如果闹洞房的人没有几个,不热闹,冷冷清清,那是很没面子的,让人见笑。

李大年在村里虽然是普通的家庭,但他平时待人热情,为人厚道,人缘好,前来闹洞房的乡亲特别多,把洞房挤得水泄不通。来晚了一步挤不进洞房的人,只好在洞房门外看热闹。

闹完洞房,闹够了,玩累了,接下来的节目是"食新娘茶",当然不是简简单单地喝一杯茶。新娘首先要把从娘家带来的花生、烫皮等客家小吃端出来给大家品尝,主人还要叫厨房炒几盘好菜让大家喝客家糯米酒。总之,闹洞房就用四个字来概括:吃喝玩乐!

(作者:棠林)

十、饮食

定南人和大多数汉族人一样,以大米为主食。封建社会物资匮乏,聪明的定南客家人便变着花样将大米加工成各种美食,来丰富家人的生活,有些还作为礼品用来馈赠亲友。

(一)糯米的用途

1.甘醇的糯米酒

最常见的是糯米酒,可以说是家家必备、常年必备,办喜事更不能少。将新鲜的糯米用清水洗净,浸泡三到四个小时,用饭甑蒸至透熟,冷却后倒进陶质缸中,加入酒曲压实,中间留一小孔,密闭20天左右,如果是冬天还得围以稻草、棉被等用于保温。去掉残余的米渣,用陶质罐装好,四周围上稻草、米糠、木炭,用文火煨熟,冷却、沉淀后密封保存备用。蒸米酒要求所有接触的容器干净,不能有油、盐的残余,否则酒会发酸。立冬日蒸的酒最好,可以常年保存不变质,所以,定南农村现在还有立冬日蒸米酒的习惯。

2.香糯的糍粑

糍粑也是定南人过春节家家必备的。将新鲜糯米洗净,用特别的灌木黄板树或油茶籽壳等烧成的灰过滤的灰水浸泡三到四个小时,上饭甑蒸至透熟,在蒸的过程中,加入槐花水以着色。倒进石质粄舍(石臼)中,用木质粄锤不断击打,直至米变成胶状,用手搓成扁平的圆形,放在陶质容器中保存。糍粑可以蒸软后吃,也可以在锅中放少许油煎软后吃,还可以加青菜煮着吃。依据个人口味,糍粑可以加糖吃,也可以加盐吃。它可作为春节后走亲访友的礼品,也是婚嫁时男方到女方家宴请女方亲友时必备的食品。

糯米粉的用途更广泛。糯米粉加适量糖水,搓成丸状,沾上芝麻,用油炸熟,是油果;加适量糖水或盐水,搓结实,切成筷子大小、手指长短,用油炸成炒果。糯米粉和籼米粉按一定比例配合,加南瓜可以炸成南瓜饼,加红薯可以做成红薯饼,加上其他食材可以做成各种不同口味的饼。

(二)定南小吃

用籼米做的美食更是数不胜数。

1. 五颜六色的"千层糕"

将新鲜大米洗净,浸泡三到四个小时,用石磨制成米浆,磨米浆时,可以加槐花、韭菜等着色,也可以不加任何作料,就用白色米浆。在垫了布的蒸笼上倒一层米浆,蒸熟后加一层另外颜色的米浆,加上三到五种颜色的米浆蒸出的浆粄五颜六色,俗称"千层糕",令人食欲大增,吃起来爽滑可口。

2. 香气扑鼻的"铁勺粄"

将加了韭菜成绿色的米浆用铁质的平底勺一勺一勺地装好,放在油锅里炸熟,是定南人特别爱吃的铁勺粄。

3. 一对"孪生姐妹"——灰水粄和烫皮

灰水粄和烫皮都是用加了灰水的米浆制成的,而且前面几道工序完全相同,只是制作灰水粄的米浆要稠一点,制作烫皮的米浆更稀一点。

在山上砍下定南俗称"黄板柴"的灌木,拿回家在废弃不用的大铁锅中烧成灰,待灰充分冷却以后,在竹制的饭罩上垫上白布,再倒上灰,把烧开的清水不断淋到灰上,水就会流到下面的容器中。要不断地把容器中的灰水反复倒在灰上，直到灰的味道充分吸收到水中，再让灰水澄清后倒入另一个容器中，去除灰水中残存的杂质。用黄板柴，是因为它含有一种特殊的香味，有些地方黄板柴稀少，就用花生苗、茶籽壳代替，但香味就逊色多了。

取新鲜无杂质的籼米，用清水浸泡四到五个小时，让米充分吸水更柔软。用手反复揉搓，再用清水反复清洗，以去除籼米表面可能附着的杂质和农药残留，再倒入灰水浸泡。经过灰水浸泡的大米，就可以在石磨上磨浆了。由一人或两人操纵耸勾推动磨石，逆时针方向转动磨石，磨的速度要不紧不慢且用力均匀；一人站在旁边往磨石里放凉米和水。如果需要做绿色的灰水粄或烫皮，就在磨浆时加入事先洗净、切碎的韭菜，这样就会产生绿色的米浆，从而制出绿色的灰水粄或烫皮。如果需要做黄色的灰水粄或烫皮，就在磨浆时加入干净的槐花，这样就会产生黄色的米浆，从而制出黄色的灰水粄或烫皮。如果是做烫皮，还可以根据个人喜好，加入辣椒、蒜仁等作料，以增加烫皮的口感。制作烫皮时，磨好一桶浆时就由另外一组人开始蒸烫皮，也就是说，磨浆和蒸烫皮是同时进行的。这样做的目的，是防止米浆放置过久而发酵，影响烫皮的品质。现在有很多地方采用电磨，可是电磨转速太快，在磨浆过程中米浆会发热，从而破坏米浆的品质，所以，纯正的定南客家烫皮和灰水粄还要手工磨浆。

在大铁锅中，放上适量的水烧开，平放一个木质饭架。将两勺米浆倒入用竹篾编织的蒸烫皮专用的簸箕中，手端簸箕顺时针转动，使米浆薄薄地、均匀地摊在簸箕上。把摊有米浆的簸箕放到烧开了水的锅中，盖上锅盖蒸，在蒸的过程中，用另一个簸箕摊米浆。一般需要大火蒸 2 分钟左右。锅里的水要充分烧开，火一定要旺，使锅里始终充盈大量蒸汽。锅里的水要适量,太多,会溢到烫皮中,使烫皮口味变淡;太少,则会"渴锅",烫皮没有充分的水分就会干裂破碎。蒸熟的烫皮可以直接食用,俗称"水烫皮"。食用水烫皮,定南人习惯蘸上酱油辣椒或酸酒辣椒。当然,大部分烫皮还得晒成干烫皮,即"烫皮骨"。将蒸熟的烫皮用手揭起,摊在干净的木质平板上,上面盖上两条干净的毛巾,下一张烫皮直接摊在毛巾上,再抽出毛巾,盖在烫皮上,这样做的目的,是使烫皮不至于粘得太紧,方便揭开来晒。如此循环往复,两个簸箕轮番地摊和蒸,两到三个人就可以生产大量的烫皮。

厚厚的一叠烫皮,用棉线切成长条形、方块状,或其他形状;也可以用刀切,但这样刀上会粘上许多烫皮,不方便使用,还会让切口粘在一起,不方便揭开来晒。将切好的烫皮一张一张揭开,整齐地摆放在垫搭上晒干,一般有太阳的时候,晒上一天就足够了。将晒干的烫皮骨放在干净、密闭的陶制容器或塑料袋中保存,以备一年食用。值得一提的是,定南人制烫皮骨,一般家庭只有一次,是在秋收完成以后,选择天气晴朗的日子集中做。当然,娶亲嫁女的人家会特别做一次。

烫皮的吃法,有这么几种:一是煮烫皮骨,在烧开的肉汤或清水中放入烫皮骨,甚至加一到两个鸡蛋、鸭蛋,这是最为奢侈的吃法,一般是招待贵客用的,孩子感冒了吃不下饭,大方的客家妇女也会煮上一碗给孩子吃;另一种是炒烫皮骨,就是用开水将烫皮骨泡软,再像炒粉丝一样炒着吃。以上两种是当主食吃,还有两种是当小吃食用:一种是油炸烫皮,即将烫皮骨放在热油锅中炸开了备用;另一种是砂炒烫皮,即将烫皮骨放在烧热的砂粒中翻炒熟了备用。作为小吃,是客家人待客最为常见的,也是嫁女儿必备的。

　　将米浆倒入大铁锅中,大火烧煮,沸后改用文火,不断用锅铲翻铲,使锅内均匀受热,以免米浆粘锅底,糊锅起锅巴,一旦起了锅巴,要及时将其铲离,才不会影响灰水粄的口感。就这样不断翻铲、使劲揉搓,让水分充分蒸发至米浆成糊状,可以搓成形为止。起锅,放到簸箕里,稍事冷却至不烫手时,趁热做成各种形状,如长条形、大饼形、手串形等,还可将灰水粄做成饺皮状,里面用酸菜、萝卜干、肉类等做馅料,做成包粄。在此过程中,要在手上抹点油,以免灰水粄粘在手上烫伤手。将做好的灰水粄放在垫有白织布的板篮里,在锅中大火蒸 45 分钟左右,就可以直接食用。灰水粄要一次蒸熟蒸透,否则就会粘牙。定南人食用灰水粄,也和食用水烫皮一样,喜欢蘸着酸酒辣椒或酱油辣椒食用。灰水粄是定南人节后走访亲戚必备的食品。除了直接食用以外,定南人还喜欢将灰水粄切片以后晒成粄干,像烫皮骨一样砂炒或油炸当小吃,如果是专门做粄干用的,心灵手巧的客家妇女还会做成红(加洋红)、黄(加槐花)、绿(加韭菜)、白(原味)等各种不同的颜色。

(作者:任建群)

十一、菜肴

定南人生活在四面环山的环境中,而且很多男人经常和水打交道,因而湿气很重。为了帮助发汗、排湿,酸和辣就成了定南菜肴中的主角。

1. 酸甜可口的"酸酒鸭"

酸酒鸭是定南独有的美味,就连周边县也没有。制作酸酒鸭,一般用雄性红面鸭(番鸭)与雌性麻鸭(火鸭)杂交出来的没有繁殖能力的"泥鸭",也可用麻鸭。鸭仔放养 3 个多月,翅膀上的长毛刚长全,这种鸭是最好的。将鸭割断血管、气管,把血放干净,用热水烫,褪毛、开膛、去除内脏、洗净。在锅内放入 2000 克左右清水,将鸭放入蒸或煮至九成熟,即表面已熟而切开后骨头略带血丝为宜。切成尽可能薄的碎片,趁热蘸着由米醋、辣椒、盐制成的作料吃,也

可以将作料倒入盘中拌着鸭肉吃。办喜事宴请客人时,因为要准备很多菜,不可能趁热吃,就将鸭肉切成两厘米左右的厚片,在干净的缸中和作料充分搅拌,使鸭肉趁热充分吸收作料的酸味、辣味,这种吃法味道更醇厚。在定南,家家户户都会制作酸酒鸭,它也是每逢节日必不可少的菜肴。

(作者:缪军)

2. 香辣沁人的"牛下水"

定南人没有养肉牛的习惯,耕牛往往是几户人家合养一头,农忙时各自轮流牵去干活,农闲时则各户轮流看管,既节约成本又使耕牛得到充分利用。终于,耕牛老得不能再干活了,人们一般选择冬天将牛宰杀。一方面因为农闲,另一方面也方便将牛肉制成腊味,春节后款待、馈赠亲友。较大块的肉、排骨都分完了,剩下牛皮、牛肚、牛血和碎骨头不好分,也不方便保管,便在门坪上支一口大铁锅,将牛皮、牛肚切碎,和牛血、碎骨头一齐倒入锅中,加清水、盐和各种作料一齐煮,也要放大量的辣椒。煮熟后,趁热吃,帮忙的、看热闹的,你一碗、我一碗,大家吃得很是开心。在寒冷的冬天,吃上这么一碗辣辣的牛下水,把周身的热能激发出来,确实是件很舒服的事。后来,随着商品经济的发展,有人开始将牛下水这种特色美食开发成一道菜品。

(作者:任建群)

十二、千年客家定南美食

1. 酿豆腐

取颗粒饱满的黄豆,用清水浸涨后,再用石磨慢慢磨成豆浆。把豆浆倒入锅里烧沸,舀入豆腐袋中过滤,豆渣留在袋中,过滤后的豆浆按比例兑石膏水,变成豆腐花。把豆腐花舀入豆腐帕和豆腐架中,用豆腐帕包好,上面盖上重物,慢慢把水挤出,压制成型,变为豆腐。

把整架豆腐切成约 8 cm × 4 cm × 3 cm 的小块,用青葱和鲜肉剁好的馅,酿到豆腐的中间。待大火把油烧热后,把豆腐整齐排列在锅中,洒上适量盐水,用文火慢慢焖熟。

酿豆腐色泽金黄,清香四溢,泻火解毒,补中益气,是定南人过时节、送亲人远行、招待贵客的首选好菜。酿豆腐一青一白,青白分明,寓意着客家人清清白白的优秀品质。

2. 豆腐乳

用新鲜的豆腐切成约 3 cm × 3 cm × 3 cm 的小块,均匀摆布在竹篮或簸箕中,在室内阴凉处放置数天发酵,待其霉变生出白茸毛(俗称狗屎毛)。

把豆腐蘸上红色曲米、盐、八角粉等香料,加上蒜头、红辣椒干,一起装入干净的玻璃瓶或泥坛中并密封,让其继续发酵、霉变约一周,即可开盖食用。

豆腐乳外红内白,浓香扑鼻,生津润燥,降脂降压,是定南人酒酣之后下饭的绝味小菜,在菜品稀缺的季节,曾是招待贵客的珍品。民间盛传"两亲家吃豆腐乳"的故事。

3. 豆腐饼

把发酵好的豆腐渣,加盐、辣椒粉等配料,与蒸软的黄糍粑混合,反复揉搓,做成约 30 cm×8 cm×2 cm 的长块。长块用蒸笼在锅里蒸熟,冷却后切成约 8 cm×2 cm×0.2 cm 的薄片,用竹篮或簸箕装好,在烈日下暴晒成干。

肥肉蒸豆腐饼,是定南人一道不可多得的好菜。肥肉吸收了豆腐饼的浓香,变得油而不腻。豆腐饼浸润了肥肉的厚油,变得酥软顺口,用于招待客人,堪为上品。

油炸豆腐饼,灰黑发光,咸香爽口,硬中带脆。

4. 番薯干(红薯干)

拿粗细长短基本均等的小番薯或把大番薯切成长宽厚基本均等的块状,在锅里煮到半熟,捞起用簸箕、晒谷垫暴晒,晒到表面无水,半软半硬。

用饭甑装好蒸熟,再用簸箕、天搭(晒垫)暴晒,直到晒干为止。

白番薯干粉多脆爽,红番薯干柔软甘甜,两者均补脾益气,抗衰抗癌,曾是定南人闲暇之余待人接客的常见小吃,在主粮极度匮乏的年代,是深受人们青睐的最好杂粮。民间曾有"三块番薯干,讨得一妇娘"的传说。

5. 炒米

取上好的糯米,清水浸涨后,装入饭甑蒸熟。倒入石臼中,加上适量谷壳混合,冲成扁状。用天搭(晒垫)晒干,并反复筛选过滤,去掉所有谷壳后,即为炒米骨。再用热锅砂炒,变成炒米花。

20 世纪七八十年代,炒米机代替了人工操作,用上好的籼米加热后一声"轰隆",炒米花喷发而出,一阵香气扑面而来。

按一定比例把水、生糖在锅中用文火熬制,当糖浆能在水中呈圆珠状时,把炒米花倒入锅中,快速搅拌均匀,当颗粒呈蠕虫状时,铲入炒米架中,用米筒反复碾平碾实。待其冷却后,切成约 8 cm × 4 cm × 1 cm 的块状,整齐码放到铁皮桶中,以防受潮。

炒米金黄闪亮,香香甜甜,酥脆爽口,健脾开胃,除烦通脉,是定南人招待贵客的上等食品。炒米用草纸包好,上面贴一张红纸,曾是客家女回娘家的必备礼品,寓意为红红火火、甜甜蜜蜜的好生活。

6. 炒果

选上好的籼米或糯米,用清水浸涨后,捞取把水过滤干净,待其表面干燥,用石臼捣成粉状。再用密筛过滤,留下精细的粉末。

籼米粉一般加温盐水、芝麻等,糯米粉则加温糖水,分别反复揉搓,变成柔软的粉团。也可以加盐,做成咸味的炒果。

把粉团切成块状,用米筒等反复碾压,成为厚约 0.5 cm 的薄片。再切成约 8 cm × 5 cm × 0.5 cm 的条状,面上撒些干粉相敷,以防粘连,即成炒果条。

油烧沸后,把炒果条面上的干粉筛干净,下锅炸至金黄色,用竹油漏捞出即可。

盐炒果硬脆浓香,糖炒果酥脆香甜,是定南人招待客人的必备食物。

7. 瓦角丁

用上好的面粉,加温盐水、芝麻、韭菜末等配料,反复揉搓,变成柔软的面团。

将面团切成块状,用米筒等反复碾压,成为厚约 0.3 cm 的薄片。再切成约 4 平方厘米的不规则三角形或四边形状,如破碎的瓦角,得名瓦角丁。面上撒些干粉相敷,以防粘连。

油烧沸后,把面上的干粉筛干净,下锅炸至金黄色,用竹油漏捞出即可。

瓦角丁硬脆浓香,暖胃健胃,是定南人招待客人的必备食物。

（整理：何舒平）

十三、定南客家三味——酿豆腐、捶鱼、薯酒

俗话说:"民以食为天。"吃对人的重要性不言而喻。民以食为天的观念,是中国饮食文化中最基本、最重要的思想。

中国饮食文化博大精深。中国人重视人情往来,"有朋自远方来,不亦乐乎",首先表现在吃的方面热情好客,拿出最好吃的东西招待客人;在餐馆点最有特色的饮食,主宾在餐桌上加深感情,洽谈业务。客家人更具有热情好客的优良传统。

一方水土养一方人,定南客家饮食中,特色食品有酸酒鸭、灰水粄、烫皮、豆叶干、老城石螺、豆腐腊(月亮巴)、铁勺粄等,饮食文化丰富多彩。定南三中赖升华老师撰词《西江月·定南名菜酸酒鸭》赞美定南酸酒鸭:

肥瘦滑光有度,质材放养为先。茶油八角渗其间,米醋姜椒搅拌。

绿色醒神提气,味佳肉嫩新鲜。辣酸过劲口津涎,经典百年夸赞。

下面我介绍酿豆腐、捶鱼、薯酒三道客家特色风味食品。

酿 豆 腐

酿豆腐是客家饮食文化中极具代表性的一道传统菜品,据说与北方的饺子有关。客家先民原来居住在中原地区,当地生产小麦,常常用面粉做饺子。后来由于战乱等原因,客家先民迁徙至南方生活。岭南地方多产大米,少产小麦,面粉很少,酿豆腐则成为替代饺子的食物了,其中蕴含了客家人的思祖之情。

　　酿,有"植入馅料"之意,酿豆腐即"有肉馅的豆腐"。酿豆腐的做法是:用猪肉、葱、干香菇等配料剁成馅料,豆腐切成约两寸宽三寸长大小,四面烧干,这样煮时就不会烂。放冷后用筷子在中间划一条槽,用筷子夹适量馅料塞入豆腐,犹如饺子一般,这样就做好了生酿豆腐,将其放入锅中烹煮,放适量油盐。当然也可以直接用新鲜豆腐做,只是操作时更要小心。

　　新鲜上桌的客家酿豆腐呈浅金黄色,鲜嫩滑润,肉馅美味可口,再加上汤汁的浓郁醇厚,让人垂涎欲滴。

　　这种烹饪技艺起源于民间,广泛流传于客家族群中已有数百年的历史。这道菜不仅有浓郁的食物的味道,更蕴藏着客家人厚重的历史感和海内外客属人群对"乡情""乡愁"的寄托。

　　我有感而发,作一首诗《酿豆腐》:

　　　　豆腐肉葱融一体,素荤搭配好划筹。

　　　　传承厨艺情真挚,思祖怀乡岁月悠。

捶　　鱼

　　到定南工作20多年,定南成为我名副其实的第二故乡,我多次享受了捶鱼的美味。捶鱼是鹅公镇的特色菜。2018年家乡堂兄弟、表哥等人来定南玩,我在鹅公的餐馆特别点了捶鱼,他们赞不绝口,体验了捶鱼鲜美嫩滑的味道。

　　捶鱼的做法是:1. 一般选取鲜活的草鱼,因为其肉质鲜嫩,宰杀去骨,将鱼肉切成 0.3 cm ~ 0.5 cm 的薄片。2. 在砧板和鱼块上抹上番芋粉,用樟树木槌、茶树木槌(可以粘上自然木质材料的清香)捶打鱼块,使鱼片与番芋粉充分融合,直到鱼块捶成 0.2 cm ~ 0.3 cm 的鱼片。3. 将鱼片放入盆中,在锅中隔水蒸熟,放冷后用密封的容器或袋子放入冰箱存储,或自然存储,捶鱼片即已做成,可以随时用来烧汤或清炒。

烧汤的方法是水烧开后,再把捶鱼一片片放入锅内,先小火,火太大会把鱼冲破。捶鱼煮好后起锅加入芝麻油(或茶油)、盐,这样美味的捶鱼就做好了。清炒的方法跟其他肉的炒法一样。

我概括为一首打油诗《捶鱼》:

剔骨整成片,功夫捶抹施。

隔水鱼蒸熟,汤炒两相宜。

薯 酒

我们大学几个同学每年有家庭聚餐,其中一个同学家做过几次薯酒,我家也会做薯酒。我对薯酒钟爱有加,对我来说,薯酒不仅是养生薯酒,还是友情薯酒、亲情薯酒。

薯酒是脚板薯与酒配合的一种匠心运用。具体做法是:将脚板薯去皮刷泥,锅里放一点油,薯泥入锅,微微煎至焦香,而后兑入客家糯米酒(有糯米酒糟的最好)、适量清水(怕糯米酒劲大),再放一点红糖、红枣、枸杞,盖上锅盖直至煮开。一会儿,喷香甜蜜的薯酒就煮好了。

薯酒是经济实惠的养生食物,具有活血补气、养生保健的功效,有的产妇坐月子也会煮薯酒来滋养身体,表现了客家儿女的智慧。

我再用一首打油诗《薯酒》来总结这道美食,让日常饮食的烟火味浸染一点书香味:

去皮刷薯泥,油煎配料调。

煮熟弥香气,滋养价值高。

(作者:曾昌武)

十四、赣南客家美食——烫皮

每次回家,我总要吃一回青烫皮,才觉得没白回一趟。

"买烫皮吗?"回到老家,在市场、小巷行走,总能听到这招呼声。青绿诱人的烫皮,即烫即吃,配上酸酒、辣椒,是老家人的顶级小吃。

20 世纪 80 年代前,烫烫皮是"大工程",家家户户都要烫些烫皮备用。红白喜事,讨亲嫁女,招待亲朋,桌面上,烫皮是少不了的。

(一)烫烫皮要提前做准备

1. 准备"灰"。灰是烫烫皮的关键"材料"。灰决定烫皮的香味、色泽、韧劲。上等的灰是用黄板柴烧制的板药灰,竹灰也是上等料;黄豆槁(杆)灰也不错;较次的是稻草灰、灶灰。

2. 准备配料。香料类:五香粉、茶油,口味重的加大蒜、辣椒、芹菜籽。色料类:槐花、黄栀子、韭菜(既是香料,也是色料,用青菜叶代替也行,但香味、韧劲与颜色不如韭菜)。

3. 准备工具。围兜数条,袖套数双;簸箕三个;缸或桶;一米长、拇指大的杆子;三四条干净毛巾;晒烫皮的"天笪"(竹篾编织物,主要用途是晒谷子、花生、黄豆等);菜刀两三把或丝线。

4. 请帮工。一般是亲戚,或较好的邻居。请几人,视家里的劳力而定。

5. 滤灰水。烧好开水,用桶装好。把饭甑架放锅上,架子上放箩或筐,里面用纱布袋铺好,装木灰,然后用开水一勺一勺,均匀浇淋。滤多少灰水,取决于米多少。灰水多(浓)了,烫皮苦涩,少(淡)了,没味。

6.浸米。洗干净黏米,用灰水浸泡。

7.磨浆。磨浆是力气活,也是技术活。推磨前,把磨石、斗坊、龙钩、推杆洗干净,然后挂好龙钩。磨浆,站好位置,弓箭步,手臂与磨石、推杆在同一水平线上。推磨与拉磨的着力点,在磨石九点与三点钟位置。呼吸与推拉结合;推磨,身体前倾,脚尖着地;拉磨,身体后仰,脚尖抬起,均匀用力。

8.放"料"——浸泡好的米、韭菜。看似简单,实际上也有窍门。要眼明手快,把握好每勺米、韭菜量。水多浆稀,水少浆浓,都蒸不出好烫皮。

有一次,伯娘走开一会儿,叫妹妹代劳放米。我想快点磨完,叫妹妹舀满勺放入石磨漏斗里,满满的。一会儿伯娘回来看见,着急直呼:"哎呀,冇可以! 冇可以哟!"好在没磨多少,不然,返工就太麻烦啦!

先磨青烫皮,放切碎的韭菜。韭菜分量,多少没什么规定,韭菜多,烫皮肯定好看、好吃;然后磨黄烫皮,放槐花或黄栀子,再加其他香料。

为什么有先磨后磨之分呢? 其中有讲究。如果先磨黄烫皮,后磨青烫皮,就要多一道清洗工作,不清洗磨石、斗坊,就串色、串味,而且浪费时间。

9.清洗。把磨石、斗坊壁上溅着的浆洗刷干净,不浪费,用桶装好备用。这样做,方便下一家庭使用,这是规矩。

俗话说:"七月半,家家干(指做吃的东西);八月中秋家家有(都收获了稻谷、黄豆、花生等)。"烫烫皮的季节一般选择在"双抢"忙完,或者是秋收之后,时间多选在晚上,不耽搁白天的功夫。烫烫皮,也是打牙祭,犒劳自己。

(二)烫烫皮

大人们系好围兜,套上袖套,紧张、有序的"战役"打响了:

1. 消毒。把簸箕、碗筷、刀等用具放锅里蒸煮,高温消毒。将簸箕捞起刷上茶油,其他油代替也行。作用是能使烫皮不粘簸箕,好剥,成块。烫烫皮过程中,要不时刷油。

2. 试蒸。先用勺子把米浆搅拌几下,调整米浆浓度。前几次蒸,都是"试探"性质的,原因有二:各家的勺子、簸箕大小不一,主人家对烫皮的厚薄有不同要求;尝尝盐味够否。

3. 敬神。烫好的前三簸箕烫皮,叠成长方形,装两碗。一碗放灶台,敬灶神;一碗放饭桌,敬众先人。阿妈或伯娘口里念念叨叨:阿公阿婆,老老少少,归来吃烫皮啊! 之后,可以放开吃,老人、小孩优先。我们几兄妹早就猴急猴急了,剥下的烫皮即刻就被瓜分。热辣辣的烫皮烫手、烫嘴,三下五除二就到肚里。我们真如班房鬼(班房鬼,坐监的人)样,直吃到顶喉咙、打嗝,才停住。

看我们吃得这样狼狈,阿妈就会说:"像什么样,冇规矩。去,送烫皮。"

4. 送烫皮。这是传承下来的规矩。谁家里做"大事"——宰猪、烫烫皮、打糍粑等,都会给其他家送一份。这"重任"基本上是落在我肩上。提着四角笭,里面鸡公碗装有三份烫皮,外面盖上毛巾(保温)。比较亲近的,家里人多的,多加两份。

（三）烫烫皮主要流程

1.蒸。主勺师傅舀米浆放入簸箕内,举起簸箕转两三圈,均匀米浆;端平放入锅,盖锅盖;几分钟后,揭锅盖,拉起簸箕。

2.剥。两位助手接簸箕,簸箕斜靠墙壁,用饭勺的柄或汤匙柄顺着簸箕边缘刮一圈,就可剥烫皮,慢慢牵着往下剥。刚出锅的烫皮温度高,边吹气,边剥,动作要快。剥完,第二锅刚好揭锅,很紧凑。

剥烫皮的人利用空隙时间,把粘在簸箕边缘残留的烫皮刮下来。这样做的原因:一是边缘的烫皮越积越厚,烫皮容易被扯烂,整张烫皮不美观;二是积累厚了,簸箕愈来愈重,会把主勺师傅累坏的。边缘残留的烫皮比较厚,可以放葱蒜蒸、炒着吃;也可以晒干,砂炒、油炸,嘣嘣脆,香喷喷,人吃人赞,男女老少都喜爱。

3.托。剥至四分之一,第三个人用竹棍托住烫皮,配合剥烫皮的速度,顺势慢慢后退。这样,一张热腾腾、绿油油、滑溜溜的烫皮就成了。

4.叠。桌面铺好一张干净的大布,放入剥好的烫皮,再铺上毛巾;第二锅烫皮剥下,铺在毛巾上面;第三锅烫皮剥下,抽出毛巾,放入烫皮;依此类推。注意:平拉抽出毛巾时,用力要轻、均匀,不可太快。毛巾的作用:隔热,烫皮不会粘在一起。叠好的烫皮要保温,用棉被捂住,凉了会变质,容易碎,大忌!

5.蒸米水粄。把装过米浆的工具洗干净,与上次清洗磨石、斗坊的米水一块沉淀,滤掉多余的水,然后倒入簸箕里,放锅里蒸。这些米水黏性低,烫不成烫皮的。蒸出来的米水粄,绿、嫩、滑。

最后,送给每个帮工三份烫皮,以示感谢。

（四）晒烫皮

1. 占位。一大早要去晒谷场占位置，铺好"天笪"，清扫干净。展开的天笪，要用砖头或石块压住四个角。

2. 切烫皮。工具：菜刀或丝线。取一叠烫皮，厚薄以好下刀、起刀为标准。烫皮粘刀，要准备香油涂刀口。先从中间对半切，切成四方形或长方形。这样切，方方正正的烫皮多，边角料少，晒干后方便叠整齐，好存放。

3. 晒烫皮。老老少少齐上阵，呼应声此起彼落；切烫皮的、传送烫皮的、晒烫皮的，手脚忙个不停，忙碌中，看见相熟的路过，也不忘打声招呼："吃烫皮哦!"有空的，会过来帮忙晒；没空的，会赞几句烫皮颜色，礼貌回应。如果有几家一起晒，那更是欢乐的海洋。

4. 收烫皮。晒干的烫皮叠好、装好、藏好，避免回潮，可随时拿出来炒、炸、煮。

客家人好客。炒、炸好的烫皮，装满盘，再添两把花生、几抓番薯片，泡上一壶茶，那等于贵客待遇。

三荒四月（青黄不接）时，干活回来，晒干的和炒、炸好的烫皮可以当作零食，饭前吃，暂时抵挡饥饿。

印象最深的是，我有一次感冒，躺床上。那时，钱精贵，伯娘从菜园里拔了几棵葱，连根一起洗净，取几块晒干的烫皮，加两个鸡蛋一起煮，真好吃呀！伯娘给我盖上被子，我捂出一身汗，第二天就活蹦乱跳了。当时我就想，每个月感冒一次多好呀，有烫皮、鸡蛋吃呢！

放鸭蛋比放鸡蛋好吃，更有营养，也泻火。但家里没养鸭子，万不得已,阿妈厚着脸皮向何屋养鸭嫲(母鸭)的人借。

唉,可怜天下父母心!

夜已深。秋雨敲窗,淅淅沥沥,勾起对烫皮往事的回忆,勾起对家乡亲人的思念。

(作者:赖振波)

十五、重回餐桌的宠儿——豆叶干

"唉，来一盘豆叶干哩!"到了豆叶上市的季节，在老家，你随意去一家高、中、低的餐馆，都会点这道菜。

豆叶干，很多人把它戏称为"人参叶"。它其实是赤豆的叶子。豆叶干，就是煮熟、晒干的湿、干豆叶的统称。

下面说说它的制作及食用方法。

（一）豆叶干的制作

1. 采摘。六七月份是采摘期，摘取赤豆藤蔓中段肥厚的"成年"叶。老叶，纤维太粗，口感涩；嫩叶，纤维少，容易煮烂，难成型，没嚼头（嚼劲）。

2. 清洗。洗两三次，去除泥尘、沙子，拣出叶梗、杂草。

3. 煮豆叶。当天摘的豆叶当天煮。水面浸过豆叶，大火煮两到三个小时。煮至什么程度才合适，这要亲口尝，凭经验。时间不够，去不掉青涩味，吃时一团渣；时间太久，烂泥样，猪潲味，不顶牙，没嚼头。

4. 晒豆叶。准备晾晒工具簸箕、天笪，清洗干净。煮熟的豆叶，一团团、一叠叠，要一片片小心剥开，一是保持叶片完整，二是容易晒干，三是炒时容易入味。

5. 储存。晒干的豆叶，用洋油桶（铁皮桶）、瓦缸装好，放于干燥、阴凉处。

（二）豆叶干的食法

1.鲜豆叶

（1）清汤。蒜米爆香，放水，烧开，加入新鲜豆叶，也可添加水瓜、苦瓜片等，豆叶煮至断生，加盐即成。有的地方把这种做法叫"油汤水"，这是夏季很不错的解暑汤。

（2）斋炒。油盐、蒜米、青红辣椒随意放些，豆叶切成条状，爆炒便可。

这不是最佳吃法。要好吃，可把新鲜豆叶搓出汁水，搓至柔软后，再切成条状，猛火炒熟，口感更佳。搓，有两个作用：一是把青涩汁搓掉，可"咀嚼"出豆叶的清香；二是搓掉豆叶的绒毛，叶片柔软，减轻对肠胃的刺激，口感不至于滞涩。

2.水（湿）豆叶

（1）煮熟的水豆叶，做法与斋炒大致相同。这种做法，有新鲜斋炒的嫩、滑，又有湿豆叶的嚼头、香味。

（2）酸辣吃法。有两种吃法：一是把水豆叶沥干水分，切成条状，蘸酸辣汁，这是省时、省心的吃法；二是放入油盐，蒜米爆香，水豆叶下锅，翻炒熟，再蘸酸辣汁，也可将辣椒、水豆叶一起炒。

3.干豆叶

（1）有两种经典做法。一是斋炒干豆叶。配料：油盐、蒜米、青红辣椒、糯米酒。蒜米爆香，辣椒、干豆叶下锅，翻炒时，加适量的水，干湿度自己把握，然后加兑水的糯米酒，翻炒均匀，酒味被干豆叶吸入，即可上盘。这种做法，干豆叶有嚼头，有糯米酒的甜香味，也是一道不错的下酒菜。二是充当配菜的角色，炒水瓜、茄子羹、芋头羹加干豆叶,绝配。水瓜、茄子羹、芋头羹滑溜,干豆叶可以吸收部分水分,让瓜、"羹"更加稠黏,吃起来,既有水瓜、茄子羹、芋头羹的清甜、滑溜,又有干豆叶的软香、嚼劲。

(2)干豆叶汤。做法:蒜米、水、干豆叶、水瓜片、冬瓜片或苦瓜片(用盐水腌制一下,挤干水分)一起煮开,放盐便可,也是清热解暑良汤。

(3)干豆叶糖片。粮食短缺的年代,把番薯熬成糖,与干豆叶做成干片,当零食,这种吃法已经极少人做了。

定南人喜欢吃豆叶,不外乎这几个因素:

赤豆,不挑土质,耐干旱,易种植,山岗、田坎随处可种;干豆叶,保质时间长,不容易变质;做法简单,不必具备高超厨艺;"菜荒"——青黄不接的二三月份,它是农家餐桌上的"常客"。一年干,两年药,三年宝。陈年豆叶干有消暑气、祛湿热、止泻的功效。

而今,人们重视简朴、健康的饮食方式,豆叶干又重新回到了餐桌上。

豆叶干,在定南的美食家族中,应有它的一席之地。

(作者:赖振波)

十六、江西省非物质文化遗产——定南客家酸菜

定南客家酸菜(俗称"擦菜""浸菜"),是江西赣州定南县客家人制作的一道特色酸味小菜。该小菜具有消食开胃、生津止渴、价廉实惠的特点。定南客家人喜欢吃碱性米制的糕粄类食品,常食定南客家酸菜对人体肠胃能起到酸碱中和的作用,有利健康、减肥瘦身。至今,定南客家酸菜制作技艺传承了 450 多年。

定南客家酸菜制作技艺主要流程如下:

(1)选用当地优质的水菜(学名岭南芥菜),用清水洗净,晾晒达到一定柔软程度,但不宜太干,否则制作的酸菜口感干湿不适、酸味不纯。

(2)把晾好的水菜切成碎末放在较大的簸箕里,加上适量食盐,将其用力揉搓,使菜末中搓出的水分与食盐充分融合。

(3)将揉搓好的菜末全部装进干净的陶制小口坛罐中。注意:在装坛过程中,应每装一层加上少许食盐,装满到坛罐颈部,再将其紧紧压严压实,不留缝隙;将一小把洗净的稻草挤放罐颈中,再用两片较大的水菜叶或食用塑料薄膜把坛口封住系好。

(4)把整个坛罐菜倒扣在适量的水盆中,并放置在阴凉干燥的地方,使之不能渗入一点空气和水分,让菜末在坛罐中充分发酵,大约放置 15 天后,可随时取出成品。

(5)从罐中取出酸菜,将其用菜刀再稍加切散,放入锅里,加上适量花生油或精制菜籽油,再配以适量的食盐、大蒜末、辣椒末、香料等,用温火慢慢炒熟,直至其颜色金黄、酸味纯正、口感脆爽时起锅,即可食用。

　　另外,值得一提的是,如果一时不能用完已开坛罐中的酸菜,最好将其全部取出,用簸箕摊散,放到太阳下晒干,遂名"酸菜干"。将其存放于密封的塑料袋中,可随时取出制作酸菜扣肉、酸菜炒油渣、酸菜炒猪皮、酸菜炒鸭蛋等美味佳肴。

　　定南客家酸菜因其消食开胃、生津止渴、物美价廉,成为定南客家人一日三餐舌尖上的美味小菜。又因其对人体肠胃能起到酸碱中和的作用,还具有减肥瘦身的价值。450多年来,定南客家酸菜的制作技艺在我县客家民间世代传承、家家制作,加之酸菜有利于保存的特点,成为定南客家馈赠亲朋好友的绿色食品。如今,该美味不仅在县内广受青睐,更受到国内外市场的好评,这为定南客家民间传统食品提供了广阔的销售空间,带来了丰厚的经济效益。2010年,"定南客家酸菜制作技艺"项目被列为江西省第三批省级非物质文化遗产名录。

　　　　　　　　　　　　　　　　　(作者:缪军　郭春娇)

十七、鸡酒

霜降水返壑，风落木归山。

舟舟岁将宴，物皆复本源。

白居易的《岁晚》，寥寥数语，描绘了霜降时节，水流入深涧，残叶落山林，万物复本源，不觉中一年行将结束的景象。

进入霜降，养生保健尤为重要。吾乡有句谚语"一年补透透，不如补霜降"，足见这个节气食补的重要性。

多年来，每到这个季节，我自然会想起鸡酒，尤其是周末，只要有做鸡酒的邀约，总会积极响应。想象着那白里透黄、细腻滑嫩的鸡肉，那醇厚香甜的米酒，还有那带着酒肉香的红枣、枸杞，不觉已舌下生津。

"一碗鸡酒，吃尽定南鲜。"两个月前，国家一级作家张品成老师嘱咐我，用心写写定南鸡酒，吆喝几声，刷刷存在感，"酒香也怕巷子深"。他认为，鸡酒既是酒又是菜，是食补的上品，是客家美食中极具地域特色的一种，却"养在深闺人未识"，没树起品牌，埋没了光华。想想很快就到吃鸡酒的节气了，我当即应承下来。

惦记着如何完成张老师布置的"作业"，但凡有朋友来了定南，无论是在外的乡贤，还是来工作、做客的外地朋友，我总要问问有没有吃鸡酒。说吃了的，还要多问上几句，鸡酒外观怎样，闻的感觉如何，入口是肉香还是酒浓，吃后有何反应。有的说肉香，有的说酒醇，有的说色香味俱全，有的说吃了好睡觉、起夜少。遇见能说出肉香酒浓味甜、活血安神的，我心中不胜欢喜。说没吃的，我会若有所失地摇头叹息："错失了一次品味美食、温补身体的良机!"弄得朋友莫名其妙。

无酒不成席,无鸡不成宴。上至朝廷,下到乡野,或是文人雅士,与鸡、酒的故事举不胜举。诗仙李白作别南陵,是以鸡下酒;"南宋四大家"之一的陆游,游山西村挂念的是"腊酒"和"鸡豚";清朝大文学家袁枚倾 50 年心血写就的、有着中华"食经"美誉的《随园食单》,同样对鸡和酒着墨甚多。

冬日里,与几个友人,走进岭北圩场餐馆,在大堂随便找一张桌子,点上一份鸡酒,与端着一样的碗、吃着同样鸡酒的赴圩人,天南地北,谈古论今。吸溜与咀嚼声中,很快就将一盆鸡酒一扫而光。当一个个搁筷抹嘴抬头,互相望着面红耳赤的对方时,一个说,此番享受,真美!一个说,此种美食,解馋!有的说,此刻快意,带劲!

将鸡和酒合二为一,独辟蹊径成鸡酒,起源于何时,虽无从考证,却"食出有门"。据村中老人口口相传,吾乡人自中原南迁,因不适应南方潮湿、多雨、湿冷的气候,在寻觅食材时,遵循先贤"医食同源、药膳同功"、以养生保健来治未病的理念,从食物性味上加以辨别,来认知不同食物与人体的对应关系,强调食养,形成了一套独特的养生方法。

吾乡人做鸡酒,注重"精致、悦目、健康",既绞尽脑汁,又推陈出新,尽可能寻找、搭配上等的食材,再施展独门绝技,让鸡酒烹饪活色生香,韵味悠长。

要让看似普通的鸡酒,做到色香味形意俱全,有很多讲究。鸡酒的食材为线鸡(即阉鸡)、酒娘,配料主要有红枣、枸杞和红糖。中医认为线鸡味甘、性微温、易于消化,能补肾益精、活血脉、强筋骨;米酒调味增香,能暖胃活血、缓解神经衰弱;红枣补中益气,可养血安神、排毒养肝;枸杞补血、护目,有美容养颜、抗衰老的功效;红糖有补中缓肝、活血化瘀、调经的作用。这几种食材融合在一起,造就了一道堪称完美的食养珍品。

做鸡酒的功夫在"煮"。煮是一种最古老的烹饪方法,是一门只可意会不可言传的技艺,大致有四道工序。第一步,选一只四五斤重的家养线鸡,去毛去内脏,洗净后切块;第二步,把鸡肉倒入没有放油的热锅中充分爆香;第三步,放少许茶油,翻炒鸡肉至色呈金黄,加适量冷水,煮一段时间;第四步,当锅中水汽蒸腾时,加入酒娘,并把枸杞、红枣一起放进锅里,盖上锅盖,封住鸡和酒的元气,文火慢煮,直至起锅前放入红糖,再煮片刻,以提升功效和口感。

此刻,火烧热水锅,把高温传给了酒,沸腾的水汽和酒气钻进了鸡肉、红枣、枸杞体内,逼迫各种食材尽可能地释放自身的味道。这些味道溶于水和酒,精华尽出,味道尽展,鸡酒就化作了滋补上品、菜肴佳品,变得更容易被人体吸收,更有滋补功效。

鸡酒上桌,远远就能闻到一股鸡肉酒香味,水灵灵、红艳艳的枸杞和枣,如夜空中闪烁的繁星,眨巴着眼,诱惑着你的食欲,你急不可耐地想趁热过一把瘾。

碗中鸡酒,没了鸡汤那层厚厚的油珠,酒色暗红透黄,肉色白嫩。浅尝一口,微微一颤,唇齿间荡漾着一种难以言喻的香味,有米酒的醇香,有鸡肉的清香,有红枣、枸杞的清甜,不油不腻,味道鲜美,久久不能散去。

夹起一块鸡肉,送入口中,肉质细腻嫩滑,又略带弹性。就连鸡骨髓也有淡淡的酒香,越嚼越有味。两碗鸡酒下肚,口齿留香,酒意微醺,脸上放光。五脏六腑似温水沐过,全身暖烘烘、热融融的,酣畅淋漓,飘飘然有一种说不出的惬意。

定南乃客家人聚集地。客家人深谙"最好的养生莫过于饮食"的内涵,懂吃会吃善吃。似鸡酒这样的美食很多,薯酒、酸酒鸭、灰水粄,叫得上名的,叫不上名的,这村的,那镇的,不一而足,其口感、功效不亚于一些知名的食补品牌。正如张老师所言,这些好东西,之所以籍籍无名,是因为囿于乡村市井,走不出县域,成不了"网红",欠的是推广,缺的是营销。

每每思及,我常扼腕叹息。

俗话说"爱屋及乌",时序轮回,秋冬时节,我爱吃鸡酒,吾乡人爱吃鸡酒,可能是一种传承,可能是返璞归真,亦可能是钟情于它的"润物细无声"。就如喜欢一个人、一座城,有了感情,爱在心底,是不用理由的。

也许,只是因为喜好;也许,也是一种传播。

(作者:袁胜元)

十八、围屋里的乡味

我再一次走进那青石板的巷道,在手机微距离特写下,想把一切记录在册。突然,一株熟悉的藤蔓闯入镜头,它在角落里展着悠悠的身姿,向我微笑。又是一年摘豆叶的季节,在那光阴的传记里它一直都是客家人不可或缺的诗行。

我突然沉湎于曾经的美好,年少的感觉便漫过来,覆盖了我。

记得第一次来这里,是 1999 年,那年读着初三。阳光和着风,我们骑着单车,飞奔到了这"虎踞龙盘,面对秀美山川"的虎形围。刚到门口,就见一位老人端着簸箕坐在石凳上分扯煮好了的豆叶。她热情地招呼我们吃点,我们的心早已飞到了那大门威武的虎头上。她似乎看出了我们的心思,指着那虎头说:"这已有 200 余年历史,当时来到定南的客家人为了保护自身以及家族的安全,设计创建了这座把防守和生活实用融为一体的方形城堡。它坐西北朝东南,背靠虎形龙脉青山,建筑造型为昂首坐视的虎形。这里还出了一位名人方其道,他在南昌任职时和刘和珍相识订婚,并资助其上大学。不承想,他的爱人成了鲁迅笔下'三一八'惨案遇害的烈士。"我们听着老人深情的述说,望向深巷,履痕点点都是客家人的牵绊。后来许多次在那里穿梭,打着赤脚走过那用大小均匀的石头铺就的所有巷道,也兴致盎然地抚摸过它的青砖灰墙,更是探寻过方其道和刘和珍的凄美爱情故事,就是没有深究过几乎陪伴了我三年初中时光的豆叶干。

就在它闯入我视野的一瞬间,嫩绿的阳光漏下的全是古朴,仿佛照亮了这百年的沧桑。此刻,围屋里虽然已经没有人居住,却因为有了它而不再寂寞。这一株长满翠绿叶子的藤蔓,似乎永远呼应着围屋的安静和喧嚣,也永远刻录在客家人的食谱上。

我摩挲着那三脉清晰的椭圆形的叶片,顺着记忆,用丝丝缕缕的相思唤醒味蕾,那是我最爱的味道。

春天种下豆子,待它长出嫩苗,就在它旁边立一根小竹竿。随着时日的流逝,它就会缠绕着那根竹竿蓬勃生长。夏天一到,它摇曳着翠绿的叶子,散发出独有的清新味,为菜园增添了些许生机。这时候,母亲总爱捣鼓她的菜园子,除除草,浇浇水,偶尔还会望着那一方菜地里的绿色微笑。再过一些时日,母亲就会提着大菜篮子捡摘最嫩的豆叶。不一会儿,翠绿就盛满了母亲的整个篮子。

傍晚时分,母亲在灶台的大锅里放半锅水,然后把洗好的豆叶放进去。点燃灶火后,屋外的炊烟便活了,那炊烟里仿佛有一股子清香味。当豆叶的颜色变成深色,锅里的清水也变成青黑色,母亲就用筷子夹起一小撮放在我嘴巴里。这个时候我总是不敢多嚼动,生怕这一年来第一口豆叶滑进肠胃里,过快地蠕动与消化。慢慢咀嚼,那种微苦中带香的味道我永远忘不了,因为那是贫寒岁月中一丝无法言语的温暖。

待水豆叶全部打捞起来后,母亲就会装出一小盘切碎。再剥几颗农家大蒜放到捣蒜的石臼里,放上几个自家种的朝天椒,用木质捶按压辣椒、大蒜直至成为泥。我开始把火烧旺,锅也变得通红。这时,母亲在锅里浇了一把油,当油不再发出吱吱的声音时,才会把切碎的豆叶和辣椒、大蒜扔进锅里爆炒。瞬间,整个厨房都充满着独特的味道,花边的粗瓷碗盛满朴实的乡味,那味和我是那么的契合,我成了彻彻底底的俘虏。

第二天一大早母亲就叫醒我,她端出三五个簸箕,我装了半碗米醋,加了少许盐和辣椒放在旁边。在微细的阳光下,我们开始分扯水豆叶。我们漫不经心地聊着天,也时不时地抓一点水豆叶,蘸着酸酒吃。记忆中的图画,塞进了流光,延绵成今日的美好。

水豆叶暴晒两天后,便成了豆叶干。定南客家菜中有一道名菜叫豆叶干丝瓜,就是用它和丝瓜切成片烩成,十分可口。而我最爱的是大蒜、酒糟、朝天椒爆炒豆叶干,也许因为它是我初中三年住校时的主菜。如果把少年时光编成一本诗集,它就是一些诗行,是落在纸上的灵感,记录着许多客家少年的懵懂与清欢。

豆叶,犹如散养的孩子,给予它们一个落脚的地方,就会葱茏一片,陪伴着我们。豆叶的骨子里,流淌着客家人的血液。那血液里有客家人的汗水与智慧,也饱含了客家人的深情与希望。

许多时候,我不愿意行走或远眺,只愿将自己的热爱留给家乡。在宁静的家乡,世界原本就那么简单,只是满足了贫寒时的味蕾,就让人魂牵梦绕。穷极一生,几度长相思,总是躲不开那氤氲着的独特的味道,这味早已盈于襟怀。

(作者:黄金月)

第四编 迁徙编

定南99%是客家人。客家人是中原汉族不断南迁、定居后与当地人融合,逐步形成汉民族中一个特殊的族群或支系(民系)。

因社会动乱、兵燹狼烟,客家人被迫携妻带眷,扶老携幼,背负行囊,背井离乡。避战乱而南下,遇当地人而居山区,而后披荆斩棘并开枝散叶,最终在南方落地生根,且在海外开花结果,真正体现了客家人"以天下为家"的理念。故而有人说,有太阳的地方就有中国人,有中国人的地方就有客家人。

客家人从遥远年代走来,又向五湖四海走去,用他们的勤劳勇敢、聪明睿智谱写了一部客家发展史。一部客家发展史就是一部饱含辛酸的艰苦奋斗的迁徙史。

一、客家人历史上五次大迁徙

在历史上许多大名鼎鼎的人物都是客家人。唐朝贤相张九龄、宋朝理学家朱熹、明末将领袁崇焕、革命家孙中山、朱德总司令、叶剑英元帅、叶挺将军、肖华将军、史学大家陈寅恪、文化旗手郭沫若、新加坡之父李光耀、香港领带大王曾宪梓、数学家丘成桐、外交家黄遵宪、扬州八怪的黄慎、爱国将领刘永福等等,这些都是比较著名的客家人。日本学者山口造县在《客家与中国革命》中说:"没有客家,便没有中国革命,换言之,客家的精神,是中国的革命精神。"可见客家人在近代影响之大。

那"客家人"从何而来?

首先我们得认识下什么叫"客家人"。客家人是指历史上从山西和河南等中原地区为躲避动乱等原因而向南迁移并且在南迁的过程中与南方少数民族互相碰撞、互相融合而形成的一支独特的汉族民系。客家人有自己的客家方言,也有共同的风俗习惯、共同的生活方式和价值观念,是汉民族的八大民系之一。客家人生活在江西、广东、福建、广西、湖南、四川、贵州、海南和台湾等地方,其中以江西南部、广东东北部和福建西部为主,在印度尼西亚、马来西亚、泰国、越南、菲律宾等很多国家也有分布。目前,国内外客家人约有 1 亿人。

"客家"这一称呼是怎么来的?"客家"这一名词最早见诸书籍记载是在 17 世纪,有一种观点认为"客家"这一称呼一开始是他称,不是自称,是操土音的当地民族对外来族群的称呼。著名语言学家王力先生在《汉语音韵学》第四十七节"客家话"引文中说:

"'客家'是'客'或'外人'的意思,因此,客家就是外来的人。他们的语言、风俗、谱系,都足以证明。"只是后来这些外来族群反客为主,引以为傲,自称"客家人"了。目前也有观点认为,用"客家"这一名词称呼那些来自中原的汉人是一场误会,因为"客家"起初是南方粤人对居住在赣闽粤山区的畲族的歧视性称呼,并不是针对来自中原的汉民。但后来这些来自中原的汉人移民到了赣闽粤山区,和畲族比邻而居,两者互相影响、通婚融合,吸收对方的文化,具有相似的山区农耕文化和生活方式,使得粤人误以为这些汉人也是畲族,于是称之为"客家人",久而久之,经过复杂的发展演变,成为今天以这群汉人为主体的民系的称呼。也有另外观点认为,"客家"这一称呼是由于客家人对自己祖先"夏家人"的崇拜而产生的。总之,现在尚无定论。

历史上往南迁徙的汉人不计其数,远远大于客家人的人数,换句话说,并不是所有从中原往南方迁徙的汉人都演化成为客家人,原因何在?原因多种多样,但以下三个最关键:

首先,客家人的祖先是以成批家族的形式南迁的,并非原子化的个人迁徙,这促使他们非常注重继承家族传统,维护家族文化和荣光,不容易被其他族群同化。无论在哪里的客家人,都非常重视立祠、祭祖、修家谱等,这个特点非常鲜明和突出,客家有谚"宁卖祖宗田,不忘祖宗言",说的就是这个道理。崇祖重家的传统一方面保全了自己的文化记忆,另一方面也增强了族人的凝聚力,让客家人变得团结和具有群体意识。

其次,得益于地理环境。客家先民在南迁的过程中,一般选择山区作为落脚点,正所谓"逢山必有客,无客不住山",山区虽然环境恶劣,条件落后,但人少竞争小,而且环境封闭,受外力干扰较小,使得客家先民的语言、风俗等得以传承下来。以客家人形成的最重要的地点、客家人的大本营——赣闽粤交界处为例,"赣之为郡,处江右上游,地大山深,疆隔绣错","闽中壤狭田小,山麓皆治为陇亩……汀踞闽上游,复岭崇冈,山多于地",粤东则"无平原广阡,其田多在山谷间"。总之,赣闽粤交界处山岭环绕,形成了一个相对封闭的地理空间,而且山间有河谷盆地,客家先民迁徙到这里后,就以家族为单位在河谷盆地耕作。客家人在此形成了自己独特的民系特征,然后扩散至国内和世界其他地方。正是这一地方地理相对封闭,客家人得以较大程度地延续和独立发展自己的文化和风俗,免遭世局动荡和外部政治势力的干扰。

最后,客家人非常重视教育。客家人极其重视对后代的培养和教育,具有浓厚的尊师重教的氛围。去到客家聚集的地方,能听到很多类似的谚语,如"唔读诗书,有目无珠""生子不读书,不如养大猪"等等。重视教育不仅使得客家人在科举中常常出类拔萃,而且对于传承中原文化、保持自己的中原身份认同具有重要作用,其中尤以世家大族、贵胄之家为甚,这就与周围那些"蛮夷"形成了文化上的区别。

正是这三个原因让那一部分人脱颖而出,成为今天的客家人。

客家先民是中原人,他们是如何由中原汉人演化为客家民系的呢?

可以肯定,客家民系是在客家先民的迁徙运动中形成的,其年代当在宋代。客家人在历史上曾经历五次迁徙运动,其中第一次是孕育期,第二、三次是形成期,第四、五次是向海内外播散期。客家人迁徙运动的背景,是中国历史上因王权变更、农民起义或少数民族入主中原引发的北方汉民南移运动。

1. 第一次大迁徙

西晋永康元年（300 年），发生了"八王之乱"，继而又爆发了人民反晋王朝的斗争，大大动摇了西晋王朝的统治。这时北方的匈奴、鲜卑、羯、氐等少数民族乘虚而入，各自据地为王，相互战争不休，使中原陷入"五胡乱华"的动荡局面。西晋王朝灭亡后，中原成了胡人的天下，他们废农田、牧牛羊，虏汉人做奴隶。不堪奴役的汉人大举南迁，他们由中原经河南南阳，进入襄樊，沿汉水入长江迁向湖北、安徽、江苏一带；朝东则由九江到鄱阳湖，或溯赣江进入赣南山区。其前锋已抵达今之梅州大埔，并于东晋义熙九年（413 年）以"流民营"为基础设置了义招县。这时，东晋王朝为安置中原移民，专门设立了侨州、郡、县，予以各种优待。这股潮流此起彼伏，持续 170 多年，迁移人口达一二百万之众。

2. 第二次大迁徙

唐朝自"安史之乱"后，国势由盛而衰，出现藩镇割据的局面。加之中原灾荒连年，官府敲诈盘剥，民不聊生，许多城乡烟火断绝，一片萧条。不久，爆发了先后由王仙芝、黄巢领导的农民起义。起义军驰骋中原，辗转大江南北十数省。这些地方正是第一次南迁汉民分布的地域。战乱所及，唯有赣南、闽西南和广东东北"堪称乐土"，于是上述各省客家先民的大部分，由江州溯赣江而上，来到今天的赣南、闽西、广东东北的三角地带定居。根据客家族谱记载，这时期的移民，避居福建宁化石壁洞者也不少。这就是中原汉人历史上第二次大举迁徙。这次南迁，延续到唐后的五代时期，历时 90 余年。

3. 第三次大迁徙

北宋都城开封，于 1127 年被金兵攻占后，宋高宗南渡，在临安

(今杭州)称帝,建立南宋王朝。随高宗渡江南迁的臣民达百万之众,这次为客家民系形成中的大迁徙。元人入侵中原后,强占民田,推行奴隶制。处于黄河流域的汉族人民,为躲避战乱,又一次渡江南迁。随后由于元兵向南进逼,赣闽粤交界处成为宋、元双方攻守的战场。文天祥起兵抗元,率义军进抵梅州,客家儿女纷纷从军,转战于闽粤各地,仅松口卓姓家族,就有800多人。早先迁入此地的客家人,为寻求安宁的环境,又继续南迁,进入粤东的梅州、惠州一带。因为这时户籍有"主""客"之分,移民入籍者皆编入"客籍"。而"客籍人"遂自称为"客家人"。

4. 第四次大迁徙

客家第四次迁徙原因有二:一是清兵进至福建和广东时,客家节义之士出面号召群众举义反清,失败后被迫散居各地。有随郑成功到台湾的,有向粤北、粤中、粤西搬迁的,有的到了广西、湖南、四川。二是客家人口膨胀。赣闽粤边区的客家人,经过200多年的发展,人口大增,而当地山多田少,耕植所获,不足供应,乃思向外发展。适逢清政府于康熙年间发起"移湖广、填四川"的移民运动,于是,由中原移居两湖两广的汉民又大量入川。朱德、郭沫若、韩素音的祖先,都是当时由广东、福建迁到四川的客家人。

5. 第五次大迁徙

清朝咸丰、同治年间,洪秀全领导的太平天国运动,以客家人为基本队伍,辗转征战十余年。天京陷落后,起义军受到剿杀,百姓纷纷逃匿。在此期间,粤中地区发生了持续12年的土客械斗。清政府为解决土客之争,特划出台山赤溪地区以安置客家人。动乱使得客家人开始了又一次的大迁徙,分别迁到海南、广西,甚至漂洋过海去谋生。

自南宋末年以来,客家人在向南方各省搬迁的同时,又陆续通过海路和陆路向海外迁徙。海路由厦门、汕头、广州、海口、虎门、香港和台山赤溪的凼家冲等港口出发,乘船冒险到达南洋各地。陆路通过广西、云南边境进入缅甸、越南等地。其中包括宋末抗元、清初"反清复明"、清末太平天国运动和孙中山早期领导的各次武装起义失败后逃亡海外的志士,以及相当数量的破产农民和城市贫民,他们或自驾帆船,或被掳掠、诱骗、招雇为"契约华工"到南洋等地从事苦役。20世纪中叶以来,又有部分人由原住国向欧美等国乃至世界各地再行迁移。现在客家后裔已遍布五大洲的80多个国家和地区。正所谓"凡有海水的地方,就有华人,有华人的地方就有客家人"。

(整理:廖晓梅)

二、客家四州，写就半部客家史

"客家四州"，是指江西赣州、福建汀州、广东梅州、广东惠州。这四州，被人们称为"客家大本营"（也有"客家五州"的说法，即以上四州加上韶州）。客家民系形成于赣南，发展于闽西，成熟于粤北，这四州，见证了客家民系的发展过程。可以说，这四州加起来就相当于半部客家史。

（一）"客家摇篮"——赣州

赣州是"国家历史文化名城""中国优秀旅游城市"，2022年全市常住人口约900万人，其中90%以上为客家人（意味着赣州客家人数量居全球之首），面积约3.94万平方千米，人口和面积分别占江西省的1/5和1/4。

赣州被誉为孕育客家民系的第一块热土、客家文化的摇篮。因为这里是客家先民从中原南迁的第一站，是客家民系的发祥地和客家人的主要聚居地。

客家人南迁时在这里从长江沿赣江溯流而上，在赣州登陆，之后从这里继续迁往闽西和粤北。赣州的客家人与闽、粤、港、澳、台有独特的亲缘、人缘、地缘关系和长期稳定的交往。目前赣州的海外侨胞及港澳台同胞有近十万人。

如今赣州仍然保留着600余栋围屋，这些客家民居，被称为"东方的古罗马"。其中保留较好且较有代表性的有龙南的关西新围、燕翼围、栗园围，定南的虎形围和安远的东升围等。目前赣南客家围屋是"江西十大文化符号"之一，同时也已被国家文物局列入世界文化遗产预备名单。

赣州创造了优秀的客家文化和独特的民俗风情,尤其是采茶戏、东河戏、山歌、于都唢呐等古今传承,享誉甚广。

(二)"客家首府"——汀州

汀州,是一个历史上的建制,府治在现在的龙岩市长汀县,如今的长汀县,被评为"国家历史文化名城"。

客家人到达赣南后,并未停下迁徙的步伐,一部分人留在赣南,而另一部分人向闽西、粤北进发,其中闽西是迁徙的最主要目的地。

在客家人迁徙的历史上汀州作为第一个府治行政机关而存在,所以被海内外亿万客家人称为客家首府,在原汀州管辖的长汀县周遭的八个县依然是纯客家人聚居的地区。

长汀县为福建省龙岩市下辖的一个县,总面积约 3112 平方千米,2022 年总人口逾 50 万人。这里地处福建西部,闽赣边陲要冲。这里千山竞秀,群峦叠嶂,为武夷山脉南段。这里是著名的革命老区和历史文化名城,通行闽西客家方言长汀话。

客家四江(东江、汀江、梅江、赣江)之一的汀江为闽西最大河流。客家人入闽后,沿着汀江两岸定居,故汀江流域各县市均为客家人聚居之地,汀江流域成为客家人的大本营。汀江孕育了客家人,逐步发展壮大了客家民系。

(三)"世界客都"——梅州

梅州,面积约 1.6 万平方千米,2022 年末户籍人口 539.35 万人,全境几乎都是客家人(丰顺县和大埔县有少量潮州人及畲族人)。

在客家人的迁移历史中,梅州是最主要的集散中心,成为客家人的主要聚居区（既是赣南、闽西客家人外迁的重要目的地，又是回迁赣南、闽西客家人的出发地之一）。

从集散中心和主要聚居地这两个方面而言，梅州成为客家文化最重要的代表区域。

梅州还是历史上客家民系的最终形成地，是全世界大部分客家华侨的祖籍地和精神家园，在世界客属第十二届恳亲大会上，梅州被尊为"世界客都"。

梅州梅县的客家方言，被认为是可以作为客家语系标准的方言，历来被公认为客家话的代表。在语言学上，梅县客家话被称为客家话的"代表语言"或"语言代表"。

（四）"客家侨都"——惠州

惠州，是客家学的最初萌生地。同时，惠州也是客家人的重要聚居地和集散地之一，旅居海外的华人华侨、港澳台同胞居"客家四州"之首，被称为"客家侨都"。

对客家籍华侨而言，"惠州"一名在海外客家侨界，是知名度最高的一个故乡地名。

广义的"惠州"，不仅包括今天的地级市惠州，还包括归善（今惠州）、博罗、长宁（今新丰）、永安（今紫金）、河源、连平、龙川、海丰、陆丰、和平等地。

惠州文化不仅是客家民系的华侨文化象征之一，还是客家民系的海洋文化象征之一。在客家人的扩散、聚成、繁衍过程中，惠州文化早已成为客家文化体系中不可分割的一部分。

（整理：廖晓梅）

三、定南客家人的由来

　　赣州,地处江西南部,赣江上游,它"南控百越,北凑三湘",据五岭之要会,扼闽粤之要冲,地理位置十分重要;发源于赣州境内的赣江,是连接内外、沟通南北的黄金水道,自古为中原南下闽粤的必经之地;赣州境内丘陵起伏,地广人稀,土肥水美,适宜大批移民休养生息。这使赣州成为中原移民南迁的首选"宝地"。据文献资料记载,赣州从东晋始就有大批中原汉人迁入。他们举族(家)南迁,先滞留在鄂豫南部,辗转皖赣长江两岸,落脚安家者居多,南进闽粤者甚少。唐开元四年(716年),张九龄开凿梅关成功,古驿道全线告竣,使这条自秦汉以来的南北通衢更加繁忙,南来北往的人流、物流蜂拥而来。昔日偏僻的赣州、大余古城开始成为"商贾如云,货物如雨"的江南名州,近四万平方千米的赣州大地吸引了大批拓展八荒的"北客",他们在这块土地上居住劳作,繁衍生息,使当地的人口激增。据史书记载,西晋南康郡所辖五县人口只有1400户,至唐宪宗元和元年(806年)增至46116户。赣州等地开始出现了"万足践履,冬无寒土"的景象。唐僖宗乾符五年(878年),黄巢攻陷洪州(南昌),继陷吉、虔等州。数代在赣州等地居住的大批客家先民,为躲避战乱,溯章、贡二江而上,跨南岭,入武夷,开始进入闽粤。兴宁《廖氏族谱》云:"唐时,我祖由江西于都,避黄巢乱,迁汀州宁化石壁寨。"广东嘉应各姓宗谱,多载"上世避黄巢之乱,南迁闽粤"。此后,无论是北宋靖康之乱之后南迁的中原人,还是元、明、清时期因战乱等北来南去的汉人,多是沿着这条古代水上"丝绸之路"进入赣州,或落脚生根,或继续辗转南迁。有关资料统计,自东汉至明,迁入宁化石壁的有 86 姓,其中,东汉至南齐 3 姓,唐(乾符之前)2 姓,唐末 31 姓,宋 32 姓,元、明 18 姓。这些人中既有赣州迁去的"老客",也有路经赣州稍事休整后再南迁的中原汉人。康熙年间李世熊所纂《宁化县志》载:"客家先民,大抵先自中原南下徙赣,再由赣徙闽,复由闽徙粤。"由此可见,在水陆交通为主的古代,赣州是客家人最早的聚居区,也是明清以前南迁闽粤的集散地和中转站。

据史料文献记载和研究者实地考察,赣州境内的客家人,30% 是"老客",70% 是从闽粤等地回流的"新客",这些闽粤客民后裔倒迁入赣州又以明清时期居多。罗勇在《略论明末清初闽粤客家的倒迁入赣》一文中说:"寻乌、安远、全南、定南、龙南、信丰、南康、大余、上犹、崇义等县约占 70% ~ 90%,赣县、兴国、于都、会昌、瑞金等县约占 50% ~ 70%……"在这些倒迁客中,有"闽粤流民作乱犯境",被官兵"讨平"就地安抚垦荒的,如《上犹县志》载:"寇乃就抚,遂踞上犹垦荒。"有因生活所迫回赣州做佃客的,如《宁都直隶州志》云:宁都"家给人足","城中世业悉属下乡,招闽广流寓赁耕"。也有招垦而来的闽广佃客,如《于都县志》称:"于本山县,田多荆榛。初,居民甚稀,常招闽、广人来耕,其党日多。"还有清初招安闽海投诚的郑氏旧部,被派至兴国、赣县屯田。但倒迁赣州最主要的客流,当数政府招募入赣垦荒者居多。因战乱,赣州各地旧荒未垦、新荒又起的情况随处可见。清初战事渐息,为恢复经济、休养生息,官府多次颁募垦令,清前期有大批闽粤客户涌入赣州。

根据研究发现,大部分定南客家人都是通过第三次大迁徙来到定南的,只有赖、朱、方等姓氏和少数原居民蓝、雷、月等姓氏于建县前来到定南。据考,明朝隆庆三年(1569 年)定南建县之初,县域内地广人稀,人文经济亟待振兴,由于邻省闽、粤沿海常闹倭寇、朝廷封海,便有大批闽省上杭、长汀、三明、古田和粤东北的黄、张、廖、李、袁、彭、叶、陈、罗、刘、徐、谭、郭等 30 多姓氏客家先民因心生恐惧,闻定南建县,便相率他徙。他们拖家带口、背负祖牌,经福建西南,走广东梅州,沿武夷、九连,纷至沓来,把优秀的闽、粤客家文化相继带入定南,形成了独特的定南客家历史人文。他们科学利用当地冬温夏凉的气候与优越的自然环境,入乡随俗,结合原居民文化,在此创造了丰富多彩的定南客家独特文明,把一个地广人稀的荒蛮之地打造成了人文昌盛、经济繁荣、祥和富庶的风水宝地。

　　虎形围方氏也和定南多数客家人一样,属于回迁客家。方氏原籍河南,几经迁徙后定居于福建省上杭县,经过数百年繁衍后耕地严重不足。元顺帝至正二十六年(1366 年),明达公从上杭迁居江西省信丰县鹅叫,居住了一段时间后,又迁往定南县横江堡车步(当时属龙南县),为定南开基祖。方氏迁居定南至今已有 650 多年历史,人口不断繁衍,除迁居定南其他地方居住外,还远迁外省居住。

(作者:缪军)

第五编　咏赞编

古人说:"诗言志,歌永言,声依永,律和声。"定南的好山好水好风光和民俗风情,都引人注目,让人情不自禁地歌咏。

本编收录了几位诗文爱好者的作品,共同表达了对先烈、对家乡的怀念与热爱。

一、祭方学元烈士

张文先

寻乌河畔誓铿锵，车步梅开傲雪霜。

星火点燃民众暖，苏区创建赤旗扬。

心忠革命轻生死，血染山川著锦章。

围屋英雄留虎气，青菰遍地接春光。

二、虎形围颂

棠　林

虽称王者仍谦逊，

方毅德馨有古风。

虎啸出围擎赤帜，

丹心铁血铸三红[注]。

　[注]三红：革命英烈方学元，是定南县第一位共产党员，并创建了第一个党小组；在中国共产党的领导下，方学元等热血青年组建了第一支农民赤卫队；方学元担任定南农民武装起义总指挥，向国民党反动派打响了第一枪，虽然起义受挫，但精神永存！

三、咏虎形围

廖晓梅

绿波阡陌有文章,凛凛威严虎气藏。
笔架山清迎日月,官桥头老蕴沧桑。
柔情侠骨多豪杰,弹雨枪林挺脊梁。
耕读传家恒久远,古风淳厚美名扬。

四、咏赞方其道^[注]（新韵）

赖升华

投身革命为国酬,血雨腥风探自由。
相恋相惜同愿景,且离且聚共戚休。
订婚六载浮生梦,孝老终年故苑秋。
铁汉柔情成美誉,围屋辉耀岁长悠。

[注]方其道:江西省赣州市定南县车步村方屋排人,早年参加革命运动,刘和珍为其未婚妻。刘和珍参与请愿被杀后,他接刘母在侧终生奉养,且方刘两家后代一直保持友好往来,在定南当地传为佳话。

五、西江月·定南虎形围

赖升华

溪水潺潺环绕,良田亩亩相连。肖形猛虎势威严,设计客家典范。

辉耀灵杰宝地,崇文尚武流传。忠贞挚爱写新篇,游客驻足夸赞。

六、魂牵梦绕家乡情

虎形围是家乡文化的高地,那里的故事让我魂牵梦绕,是家乡的一首歌、一部书,让我永远铭记在心头。

家乡就是生我养我的地方,就是我与母亲心灵相通的路。

我的家乡定南在江西的南部,武夷山下,东江源头,年复一年,从春走到冬,从昨天走到今天。她是一幅多情的山水图画,是一曲悠扬的客家山歌,是一部与时光同辉的史书。我走在家乡的山水田园间,亲吻着家乡的风雨树木,感受着家乡的父老乡情,聆听着新鲜有趣的故事,阅读着客家的美丽风韵和家乡的一切一切,这些都令我心潮澎湃,令我魂牵梦绕。

我的家乡建县于明隆庆三年(1569 年),距今已有 450 多年的历史。于清乾隆三十八年(1773 年)改县为厅,到民国十六年(1927 年)县城由莲塘城(今老城镇所在地)迁至下历圩(今县城所在地)。家乡以前贫穷落后,至今仍流传着"小小定南县,三家豆腐店,县长打老婆,全城听得见"的顺口溜。新中国成立后,特别是改革开放以来,家乡发生了翻天覆地的变化,赣深高铁、京九铁路、高速公路穿境而过,工业、农业飞速发展,百姓生活殷实安康,一个太平盛世繁荣发展的人间画图令人从心底高兴和赞叹。

走进家乡的春天,就是走进绿色的世界,走进希望的日子。推开窗户,环顾四周,跃入眼中的便是连绵起伏、苍翠欲滴的群山和一望无际的田野。家乡的春天就像一幅醉人的画,写满绿色,充满朝气,让人神往和憧憬。

每当春暖花开时,我最喜欢的便是与兄弟姐妹及小伙伴们去野外踏青,去看漫山遍野的映山红,去远处大山里的外婆家玩捉迷藏,让自己的童年在无拘无束的春天中度过。而父辈们则忙着在田野里插秧施肥,在池塘、河里养鱼放鸭,在山上种植果树,把一年的希望播撒进无限的春光里。我和姐妹们趁着春天美好的时光在学校里不断地耕耘着,直到考取大学,走出家乡的小山村。弹指一挥间,40多年来家乡的春天就像一泓清泉、一缕阳光、一片母爱,一直伴随着我学习、工作和生活,最后又伴随我回到春天里的家乡。

走进家乡的夏天,就是走进水乡的天地,走进悠长的乡情。家乡的夏天,让我最难忘怀的便是那一幅幅南方水乡的画图。家乡没有大江大河,但无数的小溪流就像五彩的银丝带镶嵌在崇山峻岭中,有的流向赣江贡水,有的流向珠水香江。在众多的河流中,有一条伴着青山日夜向南流的九曲河,它是家乡最大的一条河流。俗话说"江西九十九条河,只有一条通博罗",指的便是此九曲河。站在九曲河边,一眼望去,只见两岸凤尾依依,竹影婆娑,村舍井然,良田肥美,客家阿妹一声"九曲河水波连波,阿哥阿妹爱唱歌山歌好比山泉水,源源不断汇成河",那动人的歌声顿时把人带入如诗如画的江南水乡,令人陶醉和神往。

透过夏日的阳光,家乡的山水不但写满了父辈们在水田里收割稻子和插秧的希望,在水圳里割鱼草和猪菜的欢快,在果园菜地里浇水施肥的甜蜜,而且唱出了孩子们在河里捕鱼打水仗的天真,在水库水潭里游泳嬉戏的浪漫,在柳河边夜望星空的梦想,这一切的一切都是那么亲切自然,令我几十年后仍记忆犹新。伴随着夏夜的降临,劳作了一天的父辈们,玩闹嬉耍够了的孩子们,在繁星的问候下,在一片蛙声中渐渐进入温馨的梦乡,把美丽多情的江南水乡留在了夏日那绵绵悠长的乡情中。

走进家乡的秋天,就是走进丰收的家园,走进一首动人的歌。每当夏日远去,金秋送爽,家乡的田野里到处飘荡着金黄的稻香,山上果园里散发出诱人的橙香,农家庄园里透出甘醇的酒香,闻着满村的香味,村庄里男女老少的心里早早地装满了秋的丰收和欢乐。待稻子收了,脐橙卖了,米酒酿了,村里的女人们还在忙着挖花生、红薯,摘玉米、豆子,收水菜、萝卜等农事,而男人们则把一条条生猪、一筐筐鲜鱼、一担担蔬菜等农产品拉到街上去卖,然后把城里的冰箱、彩电、摩托车、小轿车等现代化商品买回家,把丰收的喜悦带回家。

家乡的秋季不只是五谷丰登的季节,也是少男少女们收获爱情的节气。每当男婚女嫁时,女方的亲人就会先到男方家去查人家,然后选个好日子摆几台酒席,算是定亲酒,接着男女双方去登记结婚,之后男女方亲人朋友都来道贺,更是把客家人的人生大事演绎得淋漓尽致、丰富无比,把秋收的欢歌唱响山村、唱至高潮。

金秋里,当我看到屋前屋后、河堤塘边、山野丘陵到处都是飘落的红叶时,我会不禁想起"停车坐爱枫林晚,霜叶红于二月花""万叶秋声里,千家落照时"等优美的诗句,感叹大自然的无私与伟大。深秋的家乡是一首歌,每每在我心中唱响,在一缕缕炊烟中留下最动人的旋律,让无数的家乡游子那样喜爱与留恋。我走进秋天,走过秋日,家乡的秋就是一幅醉人的画,一首动人的歌。

走进家乡的冬天,就是走进回家的路,走进幸福的港湾。家乡的冬天有时刮着风、下着雨,有时艳阳万里,有时飞舞着漫天的雪花,似一首婉转悠扬、清新迷人的乐曲,似一首轻快和谐、鲜明动人的客家小诗,让人陶醉其中。

过去,父辈们为了生存,为了儿女们有个好日子,即使严冬的日子也要上山砍柴割草,到河里、田中放鸭养鹅,到野外山坡放牧牛群,到果园田里翻修泥土,或开展其他劳作,用自己的勤劳描绘了一幅美丽的冬村图。而女人们则忙着在家里烫烫皮、晒薯干、腌酸菜、榨油茶,或三五个在一起纳布鞋、打毛衣、绣花帽、纺针织,把她们对自己亲人的爱与情全部浓缩在了那双灵巧的手中。如今,乡亲们在党的好政策引导下,积极参加各种实用技术培训班,组建各类农民合作社,大搞新农村建设,大力发展现代农业,把家乡建设得更加繁荣美丽。

记得有位诗人说过:家就是在冬天里等待亲人回家的路,是游子们踏上归程的幸福港湾。随着春节的临近,无论亲人身在何处,最迫切的就是回家。回首一年,不管收获的是知识财富、爱情友谊,或遇到的是挫折失败、痛苦伤心,都会在春节这个时候得到亲朋好友的祝贺与抚慰,得到鼓励与希望。

"爆竹声中一岁除,春风送暖入屠苏。千门万户瞳瞳日,总把新桃换旧符。"在浓浓的新春佳节氛围中家家户户贴对联、挂灯笼、放烟花,亲人们串门问候、喝酒道贺、舞龙打狮,把家乡的冬天装点得欢天喜地、五彩斑斓,把客家人对生活与理想的寄托尽情地演绎在千年的春节里。

"故乡今夜思千里,霜鬓明朝又一年。"冬天就像一棵没有年轮的树永不老去,春节就像一个守岁的母亲永挂心头。冬天去了,又迎来了满眼绿色的春天。

虎形围是我最向往的地方,是我心灵深处最美的殿堂,家乡那里有我快乐的童年,有我的父老乡亲,有我的兄弟姐妹,有我的妻子儿女,还有许许多多难以忘怀的乡情。我从春走到冬,从昨天走到今天,无论我走到哪里,都会用心一辈子来记忆和报答您!

(作者:谢瑞山)

后　记

　　本书课题确定后,在赣州市文联的关心指导下,定南县委宣传部、定南县文联迅速成立本书创作组,召集相关人员多次研究讨论,确定了整部书的谋篇布局和结构后,再召集相关人员分工撰写,查找相关资料,寻访相关人员,历时数年。这期间,县文联多次组织集体讨论修改,终于成书。

　　本书在编纂过程中,得到了许多领导和同人的支持与帮助。现县人大常委会主任叶富安在任县委常委、宣传部部长期间以及现县文广新旅局罗庆谷局长在任县委宣传部副部长期间,均对本书进行了精心谋划,给予了大力支持,在此表示衷心的感谢。

　　原统稿人任建群同志对本书编纂工作付出了许多心血,收录了三万多字的资料与图片,因病英年早逝,殊为痛惜。

　　我们还得到了赣州市文联、定南县文广新旅局、定南县作家协会的大力支持和帮助,在此一并表示诚挚的谢意。

　　定南县作协的各位领导与同人,2021年5月领取任务后,在短时间内,或动手查阅资料,或写作文稿,或参与文稿校核,付出了大量的辛勤劳动。在外工作的定南乡贤也对本书的编纂给予了大力支持,并提供了高质量的文稿。在此,对他们的大力支持与帮助表示诚挚的谢意。

　　本书创作组以虎形围为核心,通过以虎形围的物件、历史、故事、内涵为代表并延伸到五大类内容,较全面地对定南客家风俗民情进行了解读,是第一本系统反映定南相关历史、人物、建筑、风俗、风情的教育、宣传读本,具有较高的历史、学习、交流、使用价值。

由于资料不全、查找困难、时间仓促等多方面原因,错漏之处在所难免,敬请各位专家、学者和读者批评指正。

定南县《虎形围里的客家风情》创作组